低成本制造与管理应用系列

图解
低成本自动化
实务与应用

谈华林 ◎ 编著
深圳市方圆智汇科技有限公司 ◎ 组编

机械工业出版社
CHINA MACHINE PRESS

本书以开阔读者的低成本改善思维，提高企业的管理水平和制造技术落地能力为目的，详细解析了实施低成本自动化的八大机构原理、八大动力源、机构设计与制作技巧，低成本自动化在八大领域中的应用，以及实施的六大套路和常用构件。在企业应用本书内容后，能够辅助员工更高效轻松地作业，为企业创造效益，降低投资成本和风险。

本书可作为企业管理者、精益革新部门成员、设备工程师等的学习参考用书，也适合精益顾问和低成本自动化（LCIA）发烧友阅读。

图书在版编目（CIP）数据

图解低成本自动化实务与应用 / 谈华林编著；深圳市方圆智汇科技有限公司组编. —北京：机械工业出版社，2020.4（2024.1 重印）
（低成本制造与管理应用系列）
ISBN 978-7-111-64866-6

Ⅰ.①图⋯ Ⅱ.①谈⋯ ②深⋯ Ⅲ.①自动化设备–工业企业管理–设备管理–成本管理 Ⅳ.① F406.4

中国版本图书馆 CIP 数据核字（2020）第 033660 号

机械工业出版社（北京市百万庄大街22号 邮政编码100037）
策划编辑：李万宇　　责任编辑：李万宇　刘　静　安桂芳
责任校对：刘雅娜　　封面设计：马精明
责任印制：郜　敏
中煤（北京）印务有限公司印刷
2024年1月第1版第6次印刷
148mm×210mm・10.375 印张・301 千字
标准书号：ISBN 978-7-111-64866-6
定价：59.00 元

电话服务　　　　　　　网络服务
客服电话：010-88361066　机　工　官　网：www.cmpbook.com
　　　　　010-88379833　机　工　官　博：weibo.com/cmp1952
　　　　　010-68326294　金　书　网：www.golden-book.com
封底无防伪标均为盗版　机工教育服务网：www.cmpedu.com

前言 Preface

我 2002 年进入精益管理咨询行业,是精益管理忠实的"粉丝"。2010 年,我开始对精益管理如何有效落地并渗透到企业进行大量研究。通过研究我发现,精益管理要渗透,不仅管理者要懂得其方法论,有推行变革的套路,而且需要硬件和信息化的有效支撑,改善工作环境,减轻员工的劳动强度,让员工更轻松地作业,最终生成"人造环境、环境育人"的持续改善的土壤。

多年来,我一直对日本制造业的高效运营深感好奇,丰田利润是如何超过全球三大汽车制造商利润总和的,一个残疾人占 80% 的工厂(京都欧姆龙太阳工厂)为何能做出一流品质的产品,于是开始对日本制造型企业进行深入研究。丰田生产方式风靡全球,其两大核心支柱准时制(JIT)与自动化几乎无人不知。人们接触最多和推行最广的都是准时制,但对自动化缺乏深入了解。准时制主要解决流程的问题(交付的问题),而自动化主要解决品质的问题和低成本投入的问题,强调自工序完结,即在自工序做好品质,只有合格品才能流动,通过流动生产保证流程顺畅,从而实现低成本制造。

谁是未来的幸运儿?谁能安然无恙地通向未来发展之路,并且在未来的市场和竞争中占据一席之地?作为制造型企业,不仅要实现产品的创新,找到自己的产业坐标,也要在实践中总结出一套科学合理的低成本制造技术和经营管理技术,这才是持续发展的硬道理。

近一段时间以来,人们重视智能制造,却忽略了低成本制造。撰写本书的原动力是帮助制造型企业回归企业原点,夯实制造技术基础。通过多年研究,我提炼和总结出本书,重点介绍低成本自动化(LCIA)的思维方式，LCIA 的八大机构、八大动力源与应用、机构设计与制作技巧，LCIA 在八大领域的应用以及在企业实施的方法，希望能帮助更多的企业成长、创新和制造升级。如果本书能为企业在制造管理、技术创新等实践研究中提供一些参考，为制造型企业了解世界并提升自我的核心竞争力助力，那么我将不胜荣幸。

由于多方面原因，书中内容有所欠缺，希望广大读者提供宝贵的建议，以便后续进一步补充和改善。同时欢迎读者提供宝贵的 LCIA 改善经典案例，互相学习参考。利他原则应该成为 LCIA 人的核心价值观。衷心希望本书对读者有所帮助，避免一些不必要的浪费。

感谢默默支持我的客户和广大读者！感谢家人和同事对我工作的大力支持和帮助！我将不辜负各位的期望，一如既往，不忘初心，砥砺前行！

目 录

前言
绪论

第1章 低成本自动化基础知识 ········· 9
1.1 低成本自动化的发展史 ········· 10
1.2 低成本自动化的定义及特征 ········· 12
1.3 低成本自动化理解的误区 ········· 14
1.4 低成本自动化改善原点 ········· 15
1.5 低成本自动化对企业发展的作用 ········· 16
1.6 低成本自动化与丰田模式、自动化和智能化、精益管理的关系 ········· 18

第2章 低成本自动化改善思路与挖掘机会点的方法 ········· 23
2.1 低成本自动化改善的六大思路 ········· 24
2.2 低成本自动化挖掘机会点的三大方法 ········· 33
2.2.1 通过七大浪费挖掘 LCIA 机会点 ········· 34
2.2.2 透过八大领域的现象看本质挖掘 LCIA 机会点 ········· 35
2.2.3 通过作业 12 项原则挖掘 LCIA 机会点 ········· 42

第3章 低成本自动化八大机构原理与应用 ········· 47
3.1 杠杆机构的基本原理与应用 ········· 48

3.2　连杆机构的基本原理与应用 ·· 59
　3.3　斜面机构的基本原理与应用 ·· 70
　3.4　滑轮、轮轴机构的基本原理与应用 ······································ 78
　3.5　凸轮机构的基本原理与应用 ·· 82
　3.6　齿轮机构的基本原理与应用 ·· 91
　3.7　槽轮、棘轮机构的基本原理与应用 ···································· 102
　3.8　传送带、链条、绳索机构的基本原理与应用 ························· 106

第4章　低成本自动化八大动力源与应用 ········· 119
　4.1　重力的基础知识与应用 ··· 120
　4.2　人力的基础知识与应用 ··· 127
　4.3　磁力的基础知识与应用 ··· 131
　4.4　弹力的基础知识与应用 ··· 135
　4.5　发条的基础知识与应用 ··· 143
　4.6　浮力的基础知识与应用 ··· 147
　4.7　自然力的基础知识与应用 ·· 149
　4.8　其他力（电、气）的基础知识与应用 ·································· 152

第5章　低成本自动化机构设计与制作技巧 ········· 169
　5.1　低成本自动化机构设计 ··· 170
　　5.1.1　低成本自动化机构的构成 ··· 170
　　5.1.2　低成本自动化机构设计流程 ·· 173
　　5.1.3　低成本自动化机构设计要素 ·· 177
　　5.1.4　低成本自动化机构设计原则 ·· 191
　　5.1.5　低成本自动化机构设计技巧 ·· 191
　5.2　低成本自动化机构制作技巧 ··· 192

第6章　低成本自动化在八大领域中的应用 ········· 193
　6.1　作业改善应用之手元化、少人化应用案例 ··························· 194

目 录

　　6.1.1　定数取螺钉整列机构 194
　　6.1.2　金属垫片整列机构及定数取料 195
　　6.1.3　异形塑胶件整列机构 196
　　6.1.4　塑胶齿轮整列机构 197
　　6.1.5　空心铆钉整列机构 198
　　6.1.6　螺杆整列机构（有动力） 199
　　6.1.7　小螺钉整列机构 200
　　6.1.8　轴心整列定点取料机构 201
　　6.1.9　弹簧整列排出机构 202
　　6.1.10　定点放料机构 203
　　6.1.11　近手定点取料机构 204
　　6.1.12　齿轮定点取料整列机构 205
　　6.1.13　齿片定点取料整列机构 206
　　6.1.14　方向盘定点取料整列机构 207
　　6.1.15　机箱外壳手元取料机构 208
　　6.1.16　电子物料手元取料改善机构 209
　　6.1.17　工具手元取放机构 210
　　6.1.18　手元取料和组装机构 211
　　6.1.19　长部品手元取料机构 212
　　6.1.20　钢珠装配机构 213
　　6.1.21　金属垫片装配机构 214
　　6.1.22　螺钉自动锁付机构 215
　　6.1.23　自动检测机构 216
　　6.1.24　通信产品 Wi-Fi 测试机构 217
　　6.1.25　自动装配机构 218
　　6.1.26　快速扣合机构 219
6.2　物流搬运应用之省力化、整流化应用案例 220
　　6.2.1　旋转供料机构 220
　　6.2.2　AGV 自动搬运机构 221
　　6.2.3　重物省力搬运机构 222

  6.2.4 省力搬运机构 ································· 223
  6.2.5 辅件跨工位传递机构 ···························· 224
  6.2.6 手机卡跨工位传递机构 ·························· 225
  6.2.7 金属件跨工位传递机构 ·························· 226
  6.2.8 重物跨工位搬运机构 ···························· 227
  6.2.9 跨工位定点取料机构 ···························· 228
  6.2.10 工件翻转机构 ································ 229
  6.2.11 手元定点取工件机构 ··························· 230
  6.2.12 定点取料机构 ································ 231
  6.2.13 手元取料传送机构 ····························· 232
  6.2.14 定点取放机构之一 ····························· 233
  6.2.15 定点取放机构之二 ····························· 234
  6.2.16 定点放工件机构 ······························ 235
  6.2.17 定点取料空箱回收机构 ·························· 236
  6.2.18 90°物料供给机构 ······························ 237
  6.2.19 空箱水平供给机构 ····························· 238
  6.2.20 空容器回收机构 ······························ 239
  6.2.21 定点取料机构 ································ 240
  6.2.22 成品检验码垛空箱自动补充机构 ··················· 241
6.3 品质保证应用之防错化、适正化应用案例 ················· 242
  6.3.1 安灯取料机构 ·································· 242
  6.3.2 自动触点检测机构 ······························ 243
6.4 设备改善应用之简便化、经济化应用案例 ················· 244
  6.4.1 弹簧自动分离机构 ······························ 244
  6.4.2 自动除尘除静电机构 ···························· 245
  6.4.3 设备改造低成本自动化机构 ························ 246
  6.4.4 链条自动清扫和注油机构 ·························· 247
6.5 治具改善应用之轻巧化、少量化应用案例 ················· 248
  6.5.1 回转组装治具机构 ······························ 248
  6.5.2 组装治具合并机构改善 ··························· 249

  6.5.3 智能测量治具机构 ……………………………… 250
 6.6 安全改善应用之机械化、零伤化应用案例 …………………… 251
  6.6.1 自动浸锡机构 …………………………………… 251
  6.6.2 省力注油机构 …………………………………… 252
 6.7 环境 5S 应用之整列化、高效化应用案例 …………………… 253
  6.7.1 废液回收机构 …………………………………… 253
  6.7.2 废渣均匀处理机构 ……………………………… 254
  6.7.3 废屑处理机构 …………………………………… 255
 6.8 现场（信息）管理应用之数据化、目视化应用案例 ………… 256
  6.8.1 物料可视化机构 ………………………………… 256
  6.8.2 高空阀门调节机构 ……………………………… 257
  6.8.3 数据可视化机构 ………………………………… 258
  6.8.4 看板可视化机构 ………………………………… 259

第 7 章　低成本自动化实施六大套路 ………… 261

 7.1 低成本自动化团队构建 ………………………………………… 262
 7.2 低成本自动化体系构建 ………………………………………… 266
 7.3 低成本自动化实施方向 ………………………………………… 272
 7.4 低成本自动化推行策略 ………………………………………… 277
 7.5 低成本自动化行动计划 ………………………………………… 282
 7.6 低成本自动化爱的发愿书 ……………………………………… 284

第 8 章　低成本自动化机构常用构件 …………… 287

 8.1 低成本自动化机构构件的来源 ………………………………… 288
 8.2 低成本自动化机构常用标准构件 ……………………………… 289
 8.3 低成本自动化机构驱动构件 …………………………………… 308
 8.4 低成本自动化机构控制构件 …………………………………… 310
 8.5 低成本自动化机构其他常用构件 ……………………………… 317

绪 论

图解低成本自动化
　　实务与应用

1. 全球思维，本土行为

最近几年，"工业4.0"和"智能制造"风靡世界，给我国企业带来了机会，同时带来了更大的冲击。我们要放眼全球，理性思考，本土行为，结合自身的业务、资源和发展的需要进行布局，从制造技术基础做起，练好基本功。一部分企业连最基本的管理都没有做好，就盲目导入智能制造，对投资风险和过程管理认识不足，结果是误入歧途，没有成效。制造升级是必然趋势，但没有工作合理化或流程优化等，直接跨越到智能制造是非常不理智的选择。未来全球制造业将进入低成本制造和智能制造融合的模式，而低成本自动化（LCIA）是低成本制造和自动化、智能化的基石。通过多年资源积累，2015年我快速行动起来，开启了LCIA之旅，组织技术团队，开发课程体系、研发LCIA装置，在国内率先传播和推广LCIA知识理念，至今形成了一套独特的LCIA落地实施体系。目前反观日本，其LCIA没有形成系统的方法或体系，大部分都是点的知识，不像丰田生产模式（TPS）那样成熟。我走访了丰田、电装、住友、三菱、日立等优秀的企业，发现了类似的问题，每家企业LCIA动手能力都很强，值得我们借鉴和学习，但却缺乏经验总结。LCIA需要结合企业本身的业务，支持企业更好地以心为本（尊重员工）和以现场为中心持续改善并提供有效的工具。在这里我要感谢华为、东风日产、加特可、惠而浦、福耀集团、光弘科技、比亚迪八部、一汽大众、博世、宏发、华阳精机等优秀企业，同时感谢丰田、电装、欧姆龙、三菱、川崎、住友、松下等，让我对LCIA充满了期待与自信。

在过去几年里，我持续不断地专注"精益"和"LCIA"，培育了上千名LCIA学员，其中一家企业在我的辅导下推行精益LCIA，几年来优化了600多人，创造了上千万元的效益。但是，在为客户创造更多价值、将LCIA渗透到更多企业等方面，我国企业还有漫长的路要走，需要不断积累与沉淀，需要具备全球思维，结合自身的业务进行LCIA创新。

绪 论

2. 技术是企业生存之源，管理是企业发展之泉

日本在第二次世界大战后，非常重视实体经济的技术与管理。我曾翻阅多本有关日本企业经营的书籍，也经常与日本友人进行交流。日本每年的 LCIA 展会为日本制造业复苏带来了契机。LCIA 展会在制造业影响力极大，已成为日本制造业的盛宴，是重塑制造之魂的基石之一。LCIA 改善的原理是管理与技术的融合，注重消除浪费，注重在纯机械基础上可轻松操作的自动装置。这种方法收效明显，因为它可以巧妙地利用被释放的动能和始终如一地避免浪费。其实，早在中国明朝崇祯十年（1637 年），宋应星在其《天工开物》一书中就强调人类要和自然相协调、人力要与自然力相配合，发挥人们的智慧，利用自然之力，创造出人工之物，这也就是我们经常谈到的有智慧的装置（或 LCIA 机构）或自动化装置。

众所周知，2019 年是不平常的一年，华为在逆境中却越做越强，原因是什么呢？5 月 18 日，在接受《日经新闻》采访时，任正非表示，华为的增长预计会放缓，但影响是局部的，美国供应商不能向华为提供芯片"也好"，华为也没有问题，华为已经为此做准备了。任正非先生何来的底气？因为华为一直坚持自力更生、自主创新、自主研发，能启用多年来自主研发的芯片"备胎"，实现科技"自立"。华为能有今天靠的自身技术和管理，不是"拿来主义"。唯有技术才是企业生存之源，唯有管理才是企业发展之泉。

3. 科学技术创新无奇策，夯实基础应用为关键

企业要从以传统手工为主实现产品制造迈向以低成本自动化、自动化或智能化为主实现产品制造，需要颠覆传统设计观念和产品制造供应链等模式，要从整体把握事物，系统思考并接纳和吸收日本、德国的制造模式，结合企业自己的实际情况去选择适合自己体质的制造技术和模式。为了降低企业风险，需脚踏实地，务本求精，夯实基础。本书即是阐明如何运用常识，充分发挥人的智慧，利用基于"杠杆，连杆，斜

面、滑轮、轮轴、凸轮、齿轮、槽轮、棘轮、传送带、链条"八大原理（机械原理），以及少量使用电能、气能、光能等的LCIA机构，实现现场品质提升、效率提升、成本降低、浪费减少等。不论是一台设备、一个装置，还是一个斜面，对于现状制造业来说，都是一次技术创新，其实也是在逐步构建制造技术基础。

4. 重塑制造之魂，驱动改善创新

德国和日本的职业教育体系非常完善，培养了大量技术工人，相对来说，我国职业技术学院和大专院校"对人的锻造"还不够。要培养具有优良品质的技术人员，让他们继承和发扬手艺人那种为实现优秀工艺与品质的梦想而充满激情和坚定意志，并不断追求最高境界的精神，尤其在制造业，以制造为经营核心，低成本制造需要一批富有远见和责任感的人去研究与实践。LCIA需要将"制造技术"与"管理技术"有机地结合起来，全面提高企业自主创新能力，大大提高企业的核心竞争力。因此，需要企业或非营利机构提供技术创新的新理念、新观点、新方法，共同探寻创新之道、创新之则、创新之源，夯实制造技术基础，为国内企业输送技术人才和创新人才，从而构建敏捷组织，驱动改善创新，使国内企业屹立于国际竞争的前列，让产品的每一个环节都具备国际竞争的优势。

如今很多企业的问题是过分强调知识的教导，而忽视了员工积累的知识应来自一般常识、动手实践，并能带来经济方面的基本价值。世上没有新鲜事，可以说排列组合就是创新。为实现低成本制造和智能制造，就要开启员工的智慧，实现小机构大智慧、少花钱多创收。通过LCIA改善案例、LCIA道场体验、LCIA发表、LCIA演说等多角度去增加员工的见识和对LCIA的认知，激发员工对LCIA的兴趣，挖掘员工的潜能，充分发挥员工的智慧，从而实现自主创新，从"作业改善"向"设备改善"进行制造升级。

例如，在部品测试工位，作业员首先要转身步行到后方相应位置，用右手拿取一个电气部品，将电气部品放到工装夹具里，左手推进工装夹具，右手臂再驱动杠杆检测设备机构，将触点与电气部品接触，然后观察仪表上的数值是否正常，若是正常，则用左手将部品取出给下工位员工，若是不正常，就用右手取出放到右前方一个红色盒子里。作业员每天要检测3500多个部品，如此重复简单的作业，劳动强度却很大，导致此岗位员工离职率偏高。

我观察后建议在前方加装一个40°斜面进行物料摆放，员工不用弯腰去后方取料。仅投入了3000元，此流程优化后，作业效率就提高了4倍，同时优化了1人。

5. 制造升级是必然，回归本质方永远

大竞争时代，很多人容易冲动，喜欢跟风。有些事情要量力而行，要回归企业的本质，不能为了升级而升级，为了自动化而自动化，不要为了自动导引车（Automated Guided Vehicle，AGV）而AGV，在制造升级的过程中要科学合理、用数据说话、用技术验证，进行系统的分析和合理的规划，分步骤循序渐进，通过精益智造系统思维框架梳理出线体或物流的每一个流程需要什么级别的自动化，而不是全部高技术自动化。有些流程采用高技术自动化只会造成投资的浪费。比如产品生命周期比较短，生产线体的某些设备仅使用几个月就被淘汰（产品被市场淘汰），甚至刚开发出来的设备没来得及使用就变成闲置设备（固定资产），这样产品的生产线就没有必要高技术自动化。设备淘汰和闲置会造成很多浪费，如场地的浪费、资金的浪费等，而LCIA正是泡沫经济时代反省的产物之一。

大竞争时代企业实施自动化发展战略要从以下两方面进行：

（1）精益系统思维。根据产品的产能、生命周期、产品族等属性进行分析。比如产品生命周期长（3年以上）、占公司销售额比重较大，则采用自动化程度比较高的生产线；若是多品种小批量、生命周期短的产品，则建议采用局部自动化、与人工结合的自动化程度比较低的生产方式。

（2）采用系统思维，从面向系统整合、面向利用个别要素、面向利

用人的能力、面向利用设备的技术四个维度来分析和思考,根据自身的工艺和制程等进行全方位的系统规划。自动化发展战略如图0-1所示。面向利用人的能力开发人机结合的低成本自动化和减轻作业负担的重点自动化,面向利用设备的技术手段来完成简易自动化和先进高技术自动化。经过分析,对不同的制程采用不同级别的自动化设备,而不是盲目地全部自动化,以免造成设备投资的浪费以及投资的风险。我发现很多中大型企业车间里面都有大量的闲置设备,它们就是盲目自动化升级导致的后果。

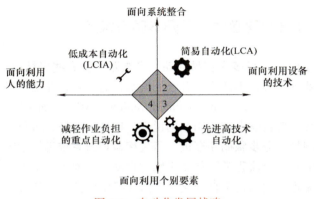

图0-1　自动化发展战略

例如,丰田制造车间面向系统整合拥有以上四种不同级别的自动化,其中LCIA和LCA占据半壁江山,而先进高技术自动化和减轻作业负担的重点自动化也能到处见到影迹。

在装配总装车间发现大量的LCIA,无论是作业领域还是物流领域,大部分都是采用低级别的自动化。例如,为了不让操作员远距离拿取部品,让部品自动送到操作员最佳拿取的位置,开发了旋转供料机构,如图0-2所示。为了减轻员工的劳动强度,如搬运轮胎等,开发了助力机构协助操作员,进行减轻作业负担的重点自动化机构,如图0-3所示。总装车间具有智慧生产线,将制造的智慧和技术,以DIY⊖的方式注入设备的

⊖　DIY为Do-It-Yourself的简写,即自己动手。

自动化。总的来说，实施 LCIA 可以少花钱或不花钱来解决问题，减少成本投入，降低企业风险，提高员工幸福感，从而提升企业的竞争力。

图 0-2　旋转供料机构　　　图 0-3　减轻作业负担的重点自动化机构

第1章 低成本自动化基础知识

低成本自动化是快乐工作的源泉
低成本自动化是以心为本的改善利器
低成本自动化是员工实现自我价值的发动机

本章主要内容：
- ➢ 低成本自动化的发展史
- ➢ 低成本自动化的定义及特征
- ➢ 低成本自动化理解的误区
- ➢ 低成本自动化改善原点
- ➢ 低成本自动化对企业发展的作用
- ➢ 低成本自动化与丰田模式、自动化和智能化、精益管理的关系

1.1 低成本自动化的发展史

自动化是指在人类的生产、生活和管理的过程中，通过采用一定的技术装置、机械设备、控制系统和管理策略，实现较少的人员参与工作甚至"无人化"，从而减少和减轻人的体力和脑力劳动，提高工作效率和产品品质，实现预期目标的过程。自动化是人类自古以来追求的永无止境的改善目标，在不同的时期和不同的场景中，对自动化的程度要求也有所不同。本书要阐述的低成本自动化（Low Cost Intelligent Automation，LCIA）机构，也称为低成本自动装置，是实现自动化的基石，是工业制造领域重要的技术支撑基础。通过发挥人的智慧，为了减轻劳动强度、提高作业效率等，古人利用自然力创造了一些简单便利的自动装置。

本书把 LCIA 机构分为三个时期，分别为古代自动装置（17 世纪以前）、近代自动装置（17 世纪到 18 世纪中期）、现代自动装置（18 世纪中期以后），梳理出了如下 LCIA 发展的历史进程。

1. 古代自动装置

在不同时期，相应有一些代表性的装置。例如，原始社会石器工具（斧头）、打猎工具（弓箭）等采用斜面、杠杆原理实现。指南车是中国古代利用机械传动系统来指明方向的一种机械装置。据西晋崔豹所著《古今注》及东晋虞喜所著《志林》等古籍，黄帝与蚩尤作战时，黄帝造指南车为士兵领路。此指南车采用斜面结构，结构简单没有用齿轮，应用了斜面、杠杆、曲轴等。春秋时期，鲁班发明了墨斗、锯子、刨子、云梯、石磨等，部分也是自动装置；同时期的墨子创立了以几何学、物理学、光学为代表的一整套科学理论，他利用杠杆原理研制成桔槔，用于提水，他还制造了辘轳、滑车等，用于生产和军事，他还发明了连弩车、转射机等机关器械，这些都是实用的自动装置。公元前 14 世纪—公元前 11 世纪，中国、埃及和巴比伦出现了自动计时装置——漏壶。东汉时期公元 78—139 年曾经发明了对天体运行情况自动仿真的漏水转浑天仪和自动检测地震征兆的候风地动仪。北宋 1086—1092 年苏颂等人把浑仪（天文观测仪器）、浑象（天文表演仪器）和自动计时装置结合在一起建成了水运仪象台，它也是古老的自动装置之一。

2. 近代自动装置

17世纪以来，随着人类生产的发展，一些国家相继开始出现了一些自动装置。其中，比较有代表性是日本1617年为了纪念德川家康的遗训，开始创建东照宫，1620年首次记载了在祭祀花车上装置了"机关人偶"。日本江户时代人偶戏开始兴起，先后在全国各地演出扎根，民间多机关装置流行，如家中的"会客室玩偶"、节日期间的"节庆大车玩偶"，以及舞台上的"戏剧玩偶"等，包括一些敲大鼓或飞舞的人偶、各种各样的装置玩具，机关家具、茶具等。

3. 现代自动装置

1788年英国机械师瓦特发明离心式调速器，这项发明开创了近代自动调节装置应用的新纪元。1854年俄国机械学家和电工学家康斯坦丁诺夫发明电磁调速器。1868年法国工程师法尔科发明反馈调节器，并把它与蒸汽阀连接起来，操纵蒸汽船的舵。

1938年苏联电气工程师米哈伊洛夫提出"频率法"，标志着经典控制理论的诞生。这些控制理论与传统自动装置（机械原理）相结合，逐步衍生出更多信息控制的低成本自动化机构和设备。20世纪60年代迪克·莫利发明了一种新型自动化控制装置——PLC（Programmable Logic Controller），中文名为"可编程序逻辑控制器"。它最早时用于替代传统的继电器控制装置，只有逻辑运算、计数、计时以及顺序控制等功能，而且只能进行开关量逻辑控制，随着技术的进步，其控制功能已经远远超出逻辑控制的范畴。随着人类不断进步、科技不断发展、人工智能出现等，催生了更多创新的低成本自动化机构和智能设备。

1971年，日本开始提倡"全面生产维护"（Total Productive Maintenance），并在很多的企业中导入。参考"机关人偶"的制作过程，日本企业发动全员利用"杠杆""凸轮""曲轴""齿轮"等，制作不花钱的"机关改善"或"趣味改善"来实施改善活动。这些改善使生产现场提高了生产效率和削减了成本，使各种各样的损失降低，取得了较大的成果。另外，"机关改善"对于"生产良好"的设备制造也起到了重要的作用，从而实现了设备的低成本自动化，这导致了低成本自动化（LCIA）概念的正式诞生。日本把此类改善称为"Karakuri"（からくり）。企业在开展 TPM 活动八个支柱之一的"自主保全活动"中，以"自己使用的设备自己维护"为口号，激发一线员工对设备的关心和改善之心，要求他们自己想办法解决问题，从而提升员工解决问题的能力，成功推进了 TPM 改善。

1994 年 3 月，由社团法人日本设备维护协会（JIPM）发起，在名古屋举办了第一届 LCIA 展会（图 1-1），至今已经举办了 24 届。2014 年我在日本友人金石先生的邀请下见证了 LCIA 展会的魅力，来自全球数万名对 LCIA 感兴趣的人士欢聚一堂进行 LCIA 交流及学习。我在咨询行业 17 年来想要找到的未来方向就是，在中国开展 LCIA 教学研究、推广与实践，并计划在未来举办中国特色的 LCIA 展会。通过多年行业经验沉淀梳理和对日本标杆企业的研修积累总结，我 2015 年年底在国内首次推出了"LCIA 培训"课程，经过几年的实践与研究，2018 年全面升级，系统开发并申请了"LCIA 实务与应用"版权课程和"LCIA 主题曲"，同时也开发并申请了"低成本制造"系列长达 20 多天的知识版权课程。

图 1-1　LCIA 展会

1.2　低成本自动化的定义及特征

1. LCIA 的定义

低成本自动化（LCIA）也称为简便自动化，如图 1-2 所示。早期所

第1章 低成本自动化基础知识

使用的"低成本智能自动化"术语不够恰当。本书阐述的"动"实际是有"人"字旁的"働",本书中简化为"动"。

通过不断的实践与探讨,本书给LCIA下一个较准确的定义,从四方面定义如下:

1)充分发挥人的智慧,以低成本理念消除或减少各种浪费。

2)运用杠杆、连杆、斜面、滑轮等八大基本机构和重力、人力、磁力、电气等八大动力源组合成各种运动机构单元。

3)将运动机构单元与运动副以特定的方式组合,利用动力产生一个确定可预期的运动。

4)是以机架为支托与其他运动机构单元结合而形成的构件系统。

图1-2 LCIA

日本众多企业推行LCIA改善,为了普及LCIA改善,芝浦工业大学名誉教授津村丰治先生和来自现场改善的专家一起进行探讨后,达成了共识,对LCIA定义如下:①装置简单;②不花钱;③消除浪费、不合理、不均衡。

2. LCIA的特征

1)装置简单、安全可靠(构造简单,故障少)。

2)成本低,投资少(有金钱的限制能激发出好的点子)。

3)柔性强(拆装容易,更改快)。

4)易维护(结构简单,普通员工都可以维护)。

5)节能环保(优先考虑无动力,能耗低,材料循环再利用)。

6)开发周期短(由内部员工容易地制作,快速响应)。

7）员工参与度高（一线员工就可以制作，实现自我价值）。

1.3　低成本自动化理解的误区

我经常与一些优秀的企业管理人员交流，在此过程中发现，很多人只是片面地理解 LCIA。市场上部分非专业 LCIA 讲师也误导了学员，几天课程下来除了视频就是视频，没有基本原则原理和设计套路方法，大部分是精益管理中的案例视频，学员听完几天课程后也不会设计和制作，最后就会给很多学员和企业领导者造成片面的理解。

我基于多年经验和对日本标杆企业的研修实践，得出了如下一些帮助读者全面理解 LCIA 的结论。

1. LCIA 机构不限于某种材料，只是精益管（线棒）和方通型材比较常见

LCIA 机构采用的是非标准件，成本低，更改容易，可以重复利用，如铝合金精益管轻巧、牢固、环保等。总之 LCIA 要因地制宜，不同的应用场景选择的材料要有所不同，原则是用低成本的理念去实现，尽量减少浪费，要拆装容易、维护便捷、利于材料再利用等。

2. LCIA 机构并不是复杂的，"高大上"的才是

LCIA 机构构造简单、维护容易，一个小小的斜面或一个杠杆能减轻作业负担的也是 LCIA 改善。可以从小的容易制作的机构开始，积少成多。优先无动力（见第 4 章八大动力源），若是需要，也可以采用电或气等动力源，不是不能用。

3. LCIA 的确需要团队

LCIA 需要团队，但并不是如某些人说的，一定需要是很强大的技术团队。对于 LCIA，很多人不是很重视，研究得也不够深入，因此这方面的人才匮乏。需要企业有决心和长远战略意愿去做这件事情。就像日本企业，常年发展全员参与，动手实践提升全员解决问题的能力，在改善过程中发现更优秀的人才，逐步完善 LCIA 改善的团队，便于重大课题攻关。

4. 很多领导都认为 LCIA 机构从第三方购买，让别人制作就可以了

这样的意识就别想 LCIA 能走多远，是"拿来主义"思维。若是 LCIA 机构从外面购买，首先就失去了 LCIA 本身的意义，低成本变成高成本，发挥员工的智慧变成发挥第三方供应商的智慧等，导致交付的机构不好用、维护难等，同时也没有培养自己员工解决问题的能力。市场上可以买到的机构，竞争对手也可以买到，就失去了制造的核心竞争力。员工在企业没有自我实现价值的机会、没有改善创新的意识等，企业就会失去活力，会造成员工离职率高，对自己或企业的认同度低等。

5. LCIA 应用广泛，只要有人的地方就有机会应用 LCIA，并不只局限于多品种、小批量的制造型企业

LCIA 的应用范围很广泛，只是在不同领域应用得多少不同而已。本书第 6 章会有很多案例来讲述 LCIA 在工作现场八大领域（作业改善、物流搬运、品质保证、设备改善、治具改善、安全改善、环境 5S、现场管理）的应用。

1.4　低成本自动化改善原点

任何事情偏离了原点都会付出惨重的代价，比如商业要回归商业的本质，"物美价廉"是任何时代消费者都喜欢的；企业要回归到生存和发展，没有利润的企业不会持续，投资者也不会继续投资等。丰田不是用销售价格减去成本等于利润，而是用成本加上合理的利润等于销售价格，因此丰田才会有今天，成为全球制造业学习的标杆。

企业推动一项变革，首先要找到原点，离开了原点就只是一场"活动"，不会持续。不同对象的改善原点不同，比如一线员工，他们的改善原点就是：轻松干活拿钱多，安全高效环境好；通过自我发现、自我改善等让自己快乐起来，解决制造现场的"累""难""险""脏""污"等问题。与一线员工谈论降本增效，实际上没有多大意义，他们也听不进去，这些与他们何干呢？高喊"节拍生产或降本增效、精益生产"等，只会让一线员工感到恐惧，不知道什么时候自己就没有工作了，"我为什么要配合进行改善呢？"因此企业在推行精益生产项目时无论是一线员工还是基层管理者，都是最大的障碍，因为这些都不是他们想要的。比如一家上市公司请我去现场调研，在现场观察时发现了一些有趣的现象，员工发现我在旁边观察，他们就开始故意做慢，让我测量的数据不准确，没办法将其作为改善的依据。我问企业的一位管理者为什么会这样，他说："公司宣导精益生产，大家都怕了，担心自己随时有可能被公司谈话开除或增加更多的活，公司宣贯减人增效等，会使我们管理者很头疼，员工不乐意，我们也很被动。我们平时搜集数据都是站在5m外悄悄地使用秒表，否则员工知道了就故意做慢。"听到管理者这样说，我非常理解他，我在咨询行业17年，见到过太多这样的案例，其实问题就在于无论是企业的高层还是基层管理者，都养成了急功近利的思维，在做一件事情之前根本没有去思考。要找到不同层级人员的改善原点。对于一线员工来说，帮助他们减轻劳动强度，减少作业难度，缩短工作时间，挣到更多的钱，让他们变得轻松快乐、更安全，他们才会有持续改善的动力。哪些事情让自己变得更快乐并且可以坚持下去呢？对于一线员工来说，就是解决"累""难""险""脏""污"的问题，或"付出同样的时间多挣一些钱"。正好 LCIA 改善就是最落地的改善工具，看得着、摸得到，能实实在在地帮助一线员工更轻松地工作。

企业开展 LCIA 改善的原点是什么？LCIA 可以实现 KPI⊖（品质（Q）、成本（C）、交期（D）、士气（M）、安全（S））变化，降低投资成本和投资风险，提高工作效率和品质，缩短生产周期，减少安全隐患，减少对员工的依赖，提升员工快速解决问题的能力，获得客户的信赖。

1.5　低成本自动化对企业发展的作用

大竞争时代，也是买方（消费者）的时代，消费者对产品的品质和个性化要求越来越高，同时全球市场急剧变化，利益预测变得越来越困难，企业的经营面临着市场的各种变数，产品和产品数量等如果预测不好，则会导致过多的投资和库存，从而导致资金紧张或融资困难，更不

⊖　KPI 为 Key Performance Indicator 的缩写，译为关键绩效指标。

第1章 低成本自动化基础知识

用说制造产品过程的各个环节的投入。因此，LCIA 就变成了这个时代的必然产物之一。

改革开放 40 多年来，中国企业经历高速发展，如今"人口红利"时期已经过去，接下来是"技术红利"时期，全世界都在拼技术，因此人才、技术、管理和持续改善经营等显得尤其重要。除了科技创新的企业还有丰厚利润外，很多行业进入了低成长时代，大家首先考虑的就是通过低成本制造来实现一定的利润。通过多年的实践与经验积累，本书提炼出低成本智造（LCIM）模型（图 1-3），LCIM 模型是一切创造的源泉，是迷途知返的指南针。

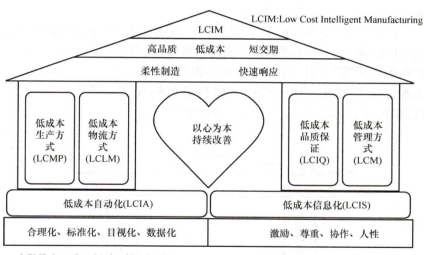

图 1-3　LCIM 模型

LCIA 是企业实现低成本智造的基石，而 LCIM 模型中的低成本生产方式、低成本物流方式、低成本品质保证、低成本管理方式的硬件部分大都是由 LCIA 作为支撑的。

1.6 低成本自动化与丰田模式、自动化和智能化、精益管理的关系

1. 与丰田模式吻合

LCIA体现的两大核心价值是以心为本和持续改善。

员工是企业的宝，人才是企业发展的原动力。1926年丰田自动织布机厂诞生，自此丰田模式（图1-4）开始产生、发展。创始人丰田佐吉将丰田自动织布机厂深深地建立在一种信仰上，即将注意力集中在公司的目标和如何对待所有的员工上。员工是丰田模式的核心和灵魂，是丰田最重要的资产，是丰田成败的决定性因素。丰田吸引了一大批优秀的人才，同时也培养了大量的人才。

以人（心）为本，尊重员工是一个广泛的承诺，它意味着尊重所有与丰田接触的人，包括员工、消费者、投资者、供应商、批发商、丰田所在的社区及整个社会。日本企业提倡的是"省力改善"，而不是"省人改善"，重视员工的安全感，而没有安全感就没有创造力，实实在在地帮助员工，以心交心，企业才会持续发展。

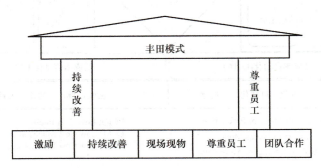

图1-4 丰田模式

LCIA改善是以人为本、持续改善的手段之一，能帮助员工充分发挥智慧，提升幸福感和解决问题的能力。通过LCIA减轻劳动强度，让

员工更轻松愉快地工作，同时培养员工的主人翁意识，增强员工成就感和自我价值感。员工对企业有归属感和安全感，离职率就自然会低。

2. LCIA 是实现自动化和智能化的基石

通过"自己的设备自己维护和改造"，开展 TPM 活动，让操作者更便捷地工作。同时开展 LCIA 制造出更好用的、低成本的设备或机构并更好地进行维护，不断挑战和持续创新，积累经验和技术。LCIA 是企业员工实践的智慧结晶，为企业未来制造技术和固有技术的融合奠定了良好的基础，是自动化、智能化实施的基石。一个国家的强大在于工业技术进步，在于几十年、上百年的日积月累！真正具备核心竞争力的优势是市场上很难买到的，无论是广汽丰田还是丰田总公司的制造现场，都会让每一位参观者产生由衷的敬佩！现场员工的智慧将 LCIA 发挥到极致，自动化设备经过低成本化改良，让操作员使用起来更方便。现场的设备并不是所谓的"高大上"的，但是非常实用。通过低成本自动化逐步升级为自动化，可以降低投入风险和提高实用程度。低成本自动化与自动化和智能化的区别，请参见表1-1。

表1-1 低成本自动化与自动化和智能化的区别

项目	人员要求	成本投入	外形尺寸	结构	开发周期	维护性	软件	员工参与	并行工程水平	能耗
智能化	高	高	大	复杂	长	困难	高	低	中	高能耗
自动化	高	高	大	复杂	长	困难	高	低	差	高能耗
LCIA	低	低	小	简单	短	容易	低	高	好	低能耗（自然法则）

3. LCIA 与精益管理的关系

全世界的公司都在试图寻找一种能让员工致力于改善流程的方法，对管理进行优化，于是引进精益生产和六西格玛管理。精益工具易于理解，能迅速取得短期成效，而六西格玛管理则更加复杂，需投入更多的人力和物力，很长时间才能带来一定的成效。而且很多企业只是将推行这些管理方法当作一个项目做做，只是做一次"运动"而已，基础薄弱的企业也许还没有开始推行就"夭折"了。精益项目顾问离开企业后，阶段性成果慢慢又会打回"原形"。于是企业抱怨顾问老师没有将精益有效结合企业本身落地、精益好听不适用等，领导责怪员工没有学会顾问的方法，员工抱怨企业支持不够，顾问抱怨企业执行力差等。于是，企业又转而寻求其他方式，如阿米巴经营等。但是我们认为没有成功的根本原因之一是缺失了能够产生长期效果的持续改善——LCIA。LCIA不仅符合一线员工的改善原点（省力改善），还符合企业的改善原点，可以提升品质和工作效率，减少设备的故障率，减少产品切换时间，缩短换模时间，减少搬运和搬运的劳动强度，节能环保，减少安全隐患等。通过实施LCIA，员工能轻松、愉悦、高效能地工作，让员工和企业实实在在地看到好处。

多数企业管理集中在"减少浪费"的一套方法上，"减人增效"成为大家的口头禅。精益工具需要关注的是产品价值流，以减少制造产品过程中的浪费，而不是用于"对付"组织中最重要的人力价值流。因此，丰田在1940年财务危机时刻意识到的是如何珍惜员工及尊重员工。

我见证过日本一个大多数员工是残疾人的企业的案例。我2016年带领一批企业优秀管理者去研修时，观察到一位有麻痹症的残疾人正在进行一个产品的附加配件装袋作业，我感到很震惊。其中，一个金属垫片装袋作业采用了LCIA机构（图1-5）。2017年，我再次去研修时发现此项作业由新的自动化程度较高的设备取代，不巧自动化设备发生异常，金属垫片卡死，对于一位残疾人来说处理这种异常非常困难。而2018年我再次带团研修时，同样这个作业又由一个自动化程度较低的机构取代。这表明该企业在持续改善不断迭代。在会议室交流时我就问到这个问题，对方高层讲到，LCIA机构好用简单并且投入小。该企业有181人，其中有143名残疾人，但是企业不需要政府补贴，还能盈利，原因之一就在于每年提案改善达到人均约70多件，有1/3以上都是LCIA机构（图1-6）方面的，LCIA能辅助残疾人更高效地作业。虽然

第1章 低成本自动化基础知识

在尝试过程中存在一些风险,但企业和员工都认为这样很值得,不仅培养了人才,而且积累了不少实战经验和技术,为企业发展做出了巨大的贡献。

图1-5 LCIA机构示例一

图1-6 LCIA机构示例二

第 2 章 低成本自动化改善思路与挖掘机会点的方法

改善思维不改变，努力奋斗也白干
透过现象看本质，轻松挖掘不畏专
原则原理是前提，改善创新才有底

本章主要内容：
➤ 低成本自动化改善的六大思路
➤ 低成本自动化挖掘机会点的三大方法

2.1 低成本自动化改善的六大思路

为了营造持续改善的文化氛围，让工作更轻松，有效推进LCIA改善，首先建立清晰的思路至关重要。LCIA并不只是理念，它是辅助提升品质、效率，降低设备投入成本，减少安全隐患，提高员工士气，感动客户的更有效的工具之一。使用这一工具时，应遵循LCIA改善六大思路。

1. 转变思维与意识

思路决定出路，工作结果是思维方式、激情、执行力和能力的乘积。首先第一要素就是思维，如果总是戴着"有色眼镜"和保留着"旧有的脑袋"去思考，那事情会变得复杂，很难推进。

我在一家世界500强企业培训辅导LCIA时，发生了一件有趣的事情。总经理发现，线体上一个小小的轴承解决了下个工序操作员旋转作业的问题，为此操作员节省了2秒时间，于是他就去了解这个金点子的来龙去脉。原来是员工参加我的LCIA公开课后受到启发想出来的。因此总经理就再次邀请我进入企业对员工进行系统、全面的LCIA训练辅导，培训前总经理就用这个轴承典故开场，四天两夜的培训总经理几乎全程参与，而且经常与我探讨。这位总经理的思维转变为"没有不可能"，他反复强调也许员工在工厂工作时间太久，思维僵化，感觉现场很多问题无从下手解决，也曾经怀疑过自己和自己的团队，经过我的讲解后豁然开朗：原来很多是旧有意识在作怪，阻碍了改善的步伐，未来将LCIA作为公司战略之一全面进行推广。在课程结束前总经理要求全公司中高层管理人员到培训现场观摩学员的作品，表达了对LCIA的重视。他鼓励员工"相信自己，不断挑战"，让员工反复拆装优秀的LCIA机构，从中去学习和领悟设计及制作的技巧。同时鼓励员工多动手实践，让采购人员多买一些材料回来让员工练练手，就是做得不好，也没有关系，老板买单，让员工安心地去实践。因此短短的三个月，员工就设计并制作出30多个LCIA改善作品，为企业优化了4个岗位，提高了工作效率和品质，现场干净整洁很多。后来，越来越多的一线班组长和员工也逐渐参与到LCIA改善活动中。

第 2 章　低成本自动化改善思路与挖掘机会点的方法

我也见证过另外一家优秀的企业，总经理的确很"重视 LCIA"，把 LCIA 推进活动直接交给精益推进办，由于自身比较忙，他很少参与到 LCIA 推进中。而推进办的负责人更"重视"，把"LCIA"当口头禅，由顾问老师开展 LCIA 活动，他与总经理一样几乎很少参与。当顾问具体推进时，得到的反馈让他开始怀疑人生：这么多年都是这样的，很难改；推行 LCIA 需要很强的技术团队，我们公司没有这样的人才；要不老师直接把方案做出来，我们找供应商制作；我们企业在行业来说很不错啦，不差钱；等等。一线班长的 LCIA 改善热情就这样被扼杀在管理者的摇篮里，可惜！江山不改，本性难移，"拿来主义"成了习惯。不知道读者是否有相同的思维？

的确转变思维是比较痛苦的，也是一个自我变革的过程。但是不抛弃传统的惯用思维，接受新的事物和新的理念，你就是故步自封。人生没有如果，付出才会有后果和结果。当我们不为结果负责，老板就要承担后果，付出一定的代价。

LCIA 改善理念可总结为以下十条：

1）有人的地方就有 LCIA 改善机会点。
2）没有做不到，只有想不到。
3）少用钱袋，多用脑袋。
4）开源节流是原点，驱动创新为关键。
5）没有安全感就没有创造力。
6）不要扼杀别人的智慧，不要轻易下结论。
7）LCIA 改善创新无难事，不在于多少，而在于积累。
8）浪费是万恶之源，LCIA 改善是万人之乐。
9）LCIA 是快乐工作的催化剂、幸福感的荷尔蒙。
10）持续改善，永无止境。

LCIA 改善被视为逐步提高、逐步转好和深化的进程，是工业制造技术的基石，是最简单、成本最低、最快通向产能最大化和质量最优的道路。

安于现状等于"自寻死路"，古语说："生于忧患，死于安乐"。在危机中成长，在绝境中重生。无论是上班还是自己创业，都要有危机意识，充分发挥自己的智慧，利用当下的平台不断地积累经验和沉淀技术。因此无论在任何地方工作，都要把工作看作为自己工作，所有的付出都会有相应的收获！不管名利，重点是经验的积累。不在"折腾"中成长，就在顺境中溺亡。转变思维与意识是 LCIA 改善迈出的第一步。优秀的人（小有成就的人）与普通人的思维方式对照见表2-1。

表2-1　思维方式对照

序号	事项	优秀的人的思维方式	普通人的思维方式
1	面对目标	长期目标	短期利益
2	职业态度	为自己打工，构建个人品牌	为老板打工，给多少做多少
3	面对选择	快速决断	优柔寡断
4	工作方式	计划周全，过程管控	无计划，随意性强
5	工作态度	专注、热情	什么都懂皮毛，磨洋工
6	面对问题	系统、客观，大局观（我的价值就是解决问题）	片面、主观、个人观（消极抱怨、埋怨）
7	处理问题	积极阳光，一定可以	性情急躁，总认为不可能
8	面对改善	勇于担当，敢于挑战	退缩保守，多事不如少事
9	遇到困难	坚持不懈，永不放弃，相信自己可以完成	退缩、放弃，轻信自己没能力
10	面对环境	改变自己，不公平是正常的	选择环境，要求公平
11	学习力	快速学习和尝试（折腾钱，投资，缩短时间）	有的是时间（折腾自己，摸索，浪费金钱）
12	面对利益	合作共赢	讲对错，利益驱动
13	面对能力	讲实力	讲道德
14	面对做人	忠于道（遵守商业原则）	忠于己
15	面对现状	挑战，有没有更好的	现在挺好的，一直这样
16	面对职场	感恩	计较、无所谓
17	面对冲突	包容、宽容	狭隘、报复
18	面对员工	员工都是宝，需要他们的支持和帮助	员工不行，不如自己
19	面对执行	反省，自己哪里没有做好	推诿，都是别人的问题
20	社会责任	奉献、利他	自私、自保、自闭

第2章 低成本自动化改善思路与挖掘机会点的方法

2. 遵循 PDCA/SDCA 循环

任何日常事务，应依据某种已经达成共识的程序来运作，LCIA 也不例外，一个好的结果，一定有一个好的改善流程，前期周全计划，后期快速执行。如果对一个 LCIA 改善员工的评价不高，那我们就要考虑：

1）评价不高的原因是什么？LCIA 机构是否符合人性？员工操作前有没有进行培训指导？

2）操作员是否按照标准执行？

3）观察使用情况如何？我们反思过吗？

4）若是有问题是否及时纠正并对员工进行说明？

当现场操作员反馈"累""难""险"现象时，我们应该协同操作员找出问题的根源，采取行动予以解决，这就需要"计划（Plan）→执行（Do）→检查（Check）→行动（Action）"的循环工作程序，这也是整个 LCIA 改善过程中，最重要的观念之一。LCIA 改善的 PDCA 四个步骤如下：

（1）步骤1：对象的选定（P）

确定改善哪个工序、哪个动作、哪台设备，明确改善对象的作业内容并建立改善目标。选定的对象可以是操作麻烦、等待时间长、有安全隐患、比较难的作业等。

（2）步骤2：现状的把握和方案的设计（D）

对于对象工序、作业的情况（人、机、料、法、环、测），具体的作业问题点、希望改善的点，都要清晰地描绘出来，并用详细的数据记录下来。根据这些问题点和数据进行多种方案的初步设计。

（3）步骤3：改善方案的检讨（C）

根据设计的方案，进行模拟验证，预测是否可以达成预期改善效果。之后，同关联部门（生产技术、品质保证、生产管理、前后工序等）进行确认，方可确定改善方案。

（4）步骤4：改善方案的实施（A）

实施改善，与团队协力制作 LCIA 改善，然后进行验证、导入，实施后的修正、标准化、培训、评价、效果确认等，以防止原来的问题再次发生或新的问题产生。

操作员使用一段时间后,如果过程中没有异常发生,则维持现有的标准并将其复制到其他区域,一旦发生异常就要去改进,建立一个新的标准,并为稳定新的 LCIA 改善成果而努力,进入一个新的"维持"阶段。

LCIA 机构不可能一次就达到完美,是逐步提高、不断升级的过程。LCIA 是"标准化(Standardize)→执行(Do)→检查(Check)→行动(Action)"(SDCA)循环与 PDCA 循环不断交替的过程。PDCA 的意义就是永远不满足现状。因为员工通常比较喜欢停留在现状,而不会主动改善升级,所以作为管理人员,必须持续不断地设定新的挑战目标或培养员工永不满足的意识,以带动 PDCA 循环。这样改善才会永无止境,不断追求最高境界。

3. 5W1H 分析法

5W1H 分析法是一种思考方法,也可以说是一种创造技法。可以按照 5W1H 的方式进行确认,并检讨 LCIA 改善方法。

1)Why(为什么):明确理由、目的及成果。

2)What(对象是什么,范围是什么):有没有不必要的动作,能源是否合适。

3)Who(谁(人、机器设备)):人或设备的合并、变更可以吗?是否通用?

4)When(什么时间):时间可以变化吗?

5)Where(哪里(位置、路径、方向)):场所是否合适?作业路径是否变更?

6)How(怎么做?(手段、方法)):还有更简便的方法吗?

4. 5Why 分析法

5Why 分析法,又称"5 问法",就是对一个问题点连续以 5 个"为什么"来自问,以追究其根本原因。实际使用这种方法时,不限定问多少次"为什么",有时可能只要 3 次,有时也许要 8 次,只要找到根本原因即可。使用 5 问法是有技巧的,否则就会找不到问题的根本原因,反而找到的是抱怨。5 问法的关键所在:鼓励解决问题的人努力避开主

第 2 章　低成本自动化改善思路与挖掘机会点的方法

观或自负的假设和逻辑陷阱，从结果着手，沿着因果关系链条，顺藤摸瓜，直至找出原有问题的根本原因。

可从以下三个层面来实施 5Why 分析法：

1）为什么会发生？从"制造"的角度。

2）为什么没有发现？从"检验"的角度。

3）为什么没有从系统上预防事故？从"体系"或"流程"的角度。

每个层面连续 5 次或 N 次的询问，得出最终结论。

也可以从 4M1E：Man（人）、Machine（机器）、Material（物料）、Method（方法）、Environments（环境）入手进行发问。

5Why 分析法示例如下：

1Why：为什么涂油量会过少？因为张三是个新员工。

2Why：为什么新员工作业时会过少呢？因为训练时间比较短，很难掌握方法。

3Why：为什么训练时间比较短呢？因为这个岗位急需要人，培训耗时长。

4Why：为什么培训耗时长？因为利用毛刷涂油时，很难短时间内把握好油量。

5Why：为什么不好把握油量？因为毛刷不好用。

5. ECRS 原则

ECRS 原则如下：

（1）E：Eliminate（取消）

"这个工作，取消也可以吗？"通过这样的考虑，将不必要的作业取消。取消不必要的工序、作业单元，这是最经济的一种改善，是改善的最高境界。

（2）C：Combine（合并）

对于无法取消而又有必要的工序、作业单元，看是否能够合并，以达到省时的目的。考虑用怎样的方法做会比较好，而不局限于目前的做法和考虑方法。可以进行头脑风暴，尽可能考虑用简单的方法来实施。

（3）R：Rearrange（重排）

工序、作业单元经过取消、合并后，可再根据"何人、何处、何时"三个提问进行重排。按照什么样的顺序作业会比较好，怎样作业才会快乐、简便，等等，这些都需要模拟验证。

（4）S：Simplify（简化）

在经历了取消、合并、重排后，还有必要的作业，就要考虑简化作业，即如何使作业更简便一些、轻松一些、距离更短一些、劳动强度更小一些等。

6. 动作经济原则

如果观察到现场员工动作浪费或动作幅度过大等，可以识别出 LCIA 的机会点。后期进行 LCIA 机构设计时也要符合动作经济原则，减少浪费，消除不合理。同时，应按照动作经济四原则和动作经济三要素来检讨设计方案。

（1）动作经济四原则

1）原则 1：动作的次数减少。

① 手、足、身体动作减少，能用脚就不用手作业，手释放出来做其他工作。

② 通过优化动作顺序来减少动作次数。

2）原则 2：两手同时作业。

① 作业同时开始，同时结束。

② 两手动作尽量对称，追求动作平衡。

3）原则 3：移动距离缩短。

① 部品、工具在手可以拿到的范围内。

② 按照步行→腰→手臂→手肘→手掌→手指的动作顺序，即只需动手指就能拿到是最好的。

4）原则 4：轻松地工作。

① 尽量利用惯性和重力。

② 尽量采用自然作业路线。

（2）动作经济三要素

1）有关人体运用方面的要素。

① 要素一：双手并用。

② 要素二：双臂（手）动作保持对称，达到最佳平衡。

第 2 章　低成本自动化改善思路与挖掘机会点的方法

③ 要素三：降低动作等级，动作等级表见表 2-2。
④ 要素四：排除合并。
⑤ 要素五：避免突变。
⑥ 要素六：利用惯性。
⑦ 要素七：减少眼的活动，增加听力活动。
⑧ 要素八：节奏轻松。

表 2-2　动作等级表

动作等级	一（M1）	二（M2）	三（M3）	四（M4）	五（M5）
运动枢轴	指节	手腕	肘	肩	身躯
人体运动部分	手指	+手掌	+前臂	+上臂	+肩
动作范围	手指节之长度	手掌之张度	前臂之长度	上臂之长度	上臂+身躯弯曲
速度	1	2	3	4	5
体力消耗	最少	少	中	多	最多
动作力量	最弱	弱	中	强	最强
疲劳强度	最小	小	中	大	最大

2）有关作业区域设置的要素。

作业区域设置示例如图 2-1 所示。

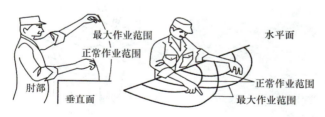

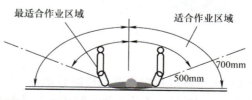

图 2-1　作业区域设置示例

① 要素一：定点放置，方便拿取。
② 要素二：双手可及（作业最近）。
③ 要素三：利用坠送法。
④ 要素四：利用重力。
⑤ 要素五：按作业顺序排列。
⑥ 要素六：环境舒适。
⑦ 要素七：高度合理。
⑧ 要素八：适当姿势。
3）有关设备工具设计的要素。
设备工具设计示例如图 2-2 所示。
① 要素一：手脚并用，释放手做更多有价值的工作。
② 要素二：万能工具（一个工具多用，或提高工具通用性）。
③ 要素三：操作的方向与机器运动方向一致。
④ 要素四：合理分配。
⑤ 要素五：易于操作、安全好用。
⑥ 要素六：近使用点。

图 2-2 设备工具设计示例

在 LCIA 推进过程中不要秉持固有观念，特别在 LCIA 推进初期要充分调动员工积极性，不论对错与好坏，鼓励大家多参与和思考。

第 2 章　低成本自动化改善思路与挖掘机会点的方法

无论是管理者还是员工，请注意都要采用以下这六种行为方式：

1）不批判。不要去批判别人提出的想法，要多给予一些鼓励和肯定。

2）欢迎大胆的想法。想法比较不切实际、很新奇都没有关系，按套路进行梳理。

3）凡是问题都要收集三种以上的解决方案。如果想法多起来，就有可能产生火花，就会诞生优秀的解决方案。

4）借助他人的智慧。借助所有人的想法来发散思考，产生连锁反应就会形成新的解决方案。

5）不要只追求完美，60 分以上就可以实践，先实践再优化。

6）鼓励采用简单的机构缩短作业时间或省力，不要嘲笑其没技术含量。

2.2　低成本自动化挖掘机会点的三大方法

挖掘 LCIA 机会点也就是找问题，通常大家说"挑毛病很容易"，其实挑毛病和找真正的问题还是有区别的，特别是在一个环境工作时间久了，就是问题也觉得不是问题。

爱因斯坦说："提出一个问题往往比解决一个问题更为重要，因为解决一个问题也许只是一个数学上或实验上的技巧问题。而提出新的问题、新的可能性，从新的角度看旧问题，却需要创造性的想象力，而且标志着科学的真正进步。"提出问题确实非常重要。一个良性的企业在不断持续改善的过程中，越是后期，越看不出问题，这时就需要足够的经验或阅历来提出问题，这对企业的持续发展非常重要。目前大部分企业现实工作中存在两种现象：①能发现很多问题，但很多人怕提出问题，因为领导会让提出者想办法解决，或者提出者怕得罪某些员工；②现实工作中提出问题的人多，解决问题的人少，问题多，落地的少，最后改善提案工作流于形式，因此解决问题并落地也同样重要。

如何挖掘 LCIA 的机会点呢？通过与标杆企业对标挖掘机会点，通过七大浪费挖掘机会点，透过现象看本质挖掘机会点，通过作业 12 项原则挖掘机会点,等等。由于LCIA在国内开展的时间不长,很难进行对标,缺乏同行业企业的学习或参考案例,因此目前国内企业一般可以考虑了解国外优秀企业的做法,通过研修和学习的方式对照自身去发现LCIA改善机会点。更重要的是,企业应切实掌握有效的方法,因此下面我们介绍常见的几种挖掘LCIA机会点的方法。

2.2.1 通过七大浪费挖掘LCIA机会点

过去几十年对制造业有点常识的几乎没人不知道精益或改善,提起精益或改善,大家很容易就想起七大浪费。在现场,浪费现象随处可见,如员工等待作业,四处走动,部品搬上搬下,重复无价值的搬运等。从这些浪费里面都可以挖掘出LCIA机会点,对企业来说都是制造升级的机会。可怕的是大家都知道浪费所在,说起来头头是道,做起来熟视无睹,或者雷声大雨点小。最终只是告诉领导或顾问,我们经验不足,不知道如何改善并消除,以致企业中存在的浪费千篇一律,消除的浪费只是万分之一。因此,挖掘LCIA改善机会点的意识和动手改善的态度是关键,中高层对LCIA改善的决心及重视很重要。改善无论大小,都是点滴的积累,积累到一定程度就会爆发"核动力",形成一种持续改善的文化。浪费在制造现场有不同的形式表现,丰田创始人大野耐一将其总结为典型的七大浪费。

1. 等待的浪费

作业不平衡、安排作业不当、等待物料、品质不合格、设备异常等导致作业人员处于停滞的状态,不进行任何操作,这都是等待的浪费。

2. 搬运的浪费

部品或产品从一个地方被转运到另外一个地方,比如传统生产方式批量生产、不均衡生产等都会造成大量的搬运。还有重复的搬上搬下,增加了操作员的劳动强度和安全隐患,损失了作业效率,增加了物流人员成本等。

3. 不合格品的浪费

任何不合格品的产生都会造成人工成本、材料、设备等浪费。原因主要是工序生产无标准确认,或有标准确认但操作员未对照标准作业,管理不严密、松懈；还有就是工序能力不足或者支持不够，比如防错等治具缺乏。

4. 动作的浪费

动作的浪费是指作业员在作业过程中投入了更多动作时间，由于生产方式、工作站设计、工艺流程、作业顺序等导致多余动作而造成的浪费。常见的动作有寻找、反复取放、翻转、远距离拿取、长距离走动、部品整理、困难操作等。

5. 加工的浪费

加工的浪费是指在设计、品质及加工过程中的投入超过客户预期的要求，造成企业资源投入的浪费，也叫"过分加工的浪费"或"品质过剩的浪费"。制造过程中由于没有程序优化动作，也会导致多余的加工造成的浪费等。

6. 库存的浪费

库存的浪费是指管理者为了自身的工作方便，或本区域生产量化控制一次性批量下单生产，而不是根据生产计划按需进行流动生产所导致的大量库存造成的浪费。过多地摆放在生产现场或仓库的原材料、在制品、成品，会产生不必要的搬运、堆积、放置、寻找、防护、管理、占用资金、增加厂房等浪费。

7. 制造过多（早）的浪费

制造过多（早）的浪费是指提前制造出产品或者过多的产品，造成现场堆积的浪费和库存的浪费。这是浪费的罪魁祸首，隐藏大量等待的浪费、搬运的浪费或加工的浪费等。这也是对本工序制造能力信心不足的表现。

2.2.2 透过八大领域的现象看本质挖掘 LCIA 机会点

1. 作业领域

作业领域是直接创造价值的地方，也是 LCIA 机会点最多的地方，要观察员工是否操作难、动作幅度大、劳动强度大、注意力集中情况等，具体如下：

1）身体的现象（图 2-3）：仰着头、转身取放、弯腰取放、不协调、幅度大、线外取放、用力推拉、无规律等。

图 2-3　身体的现象

2）手的现象（图 2-4）：手大幅度摆动、双手交替取物、单手闲置、动作多数超过 M3/M4、双手等待、反复调试/对位、简单重复、无规律作业顺序等。

图 2-4　手的现象

3）眼的现象（图 2-5）：四处寻找、抬头盯着显示屏并思考决策、疲劳、疼痛等。

4）脚的现象（图 2-6）：走动取放、踮脚取放、脚不自在无地方踩踏、行走路线无规律等。

第 2 章　低成本自动化改善思路与挖掘机会点的方法

图 2-5　眼的现象

图 2-6　脚的现象

5）物的现象（如图 2-7）：物料凌乱、拿取不便、需要翻转、双手用力拿取等。

图 2-7　物的现象

挖掘出来机会点后，通过优化与硬件结合，实现现场省力化（制作整列化、手元化、防错、定点取放等 LCIA 机构）、省人化等。

2. 物流领域

物流领域也称为供料系统，关系到作业的效率、生产周期、资金周转等。若是发现现场堆积如山、线外取物等，就说明有问题存在，隐藏着很多浪费。部分现象表现如下：

1）搬运的现象（图 2-8）：现场重复搬运（搬上搬下、多次搬运）、员工高强度搬运、重物无助力搬运机构、无先进先出机构、人工跨工位搬运、离线取料、空箱放置、弯腰搬运等。

图 2-8　搬运的现象

2）周转器具的现象（图 2-9）：取放部品难、周转车笨重、上下料不方便等。

图 2-9　周转器具的现象

针对物流领域的现象挖掘出来的问题点，优化后用硬件去实现助力搬运、周转器具省力省时、补料空箱收回、跨工位自动传递等 LCIA 机构。

3. 品质领域

品质是企业的生命，特别是大竞争时代，人们的物质生活水平高了，对品质的要求越来越高。品质领域的现象（图 2-10）包括：报废品、大量返修、划伤碰伤、少装漏装、装错放错、破损变形、异物、贴付不准/贴错、加工过度、点焊不均、涂油/浸锡不均、螺钉打偏等。

图 2-10　品质领域的现象

第2章　低成本自动化改善思路与挖掘机会点的方法

4. 设备领域

设备领域的现象（图2-11）包括：设备占地大、操作不方便、移动不方便、维护难、设备改造麻烦、设备兼容通用性不够、异常处理时间久等。

在开发设备时，要考虑到体积、使用便利性等，还可以开发一些自动维护保养的LCIA机构，省力省时省人等。

5. 治具领域

治具领域的现象（图2-12）包括：工装治具重、多、切换难、不能自动弹出等。

图2-11　设备领域的现象

图2-12　治具领域的现象

6. 安全领域

安全领域的现象（图2-13）包括：重物搬运、高空作业、安全隐患多等。

图2-13　安全领域的现象

通过开发 LCIA 机构进行机械式防护，就可以减少很多安全隐患。

7. 环境 5S 领域

环境 5S 领域的现象（图 2-14）包括：物料工具摆放凌乱、油污多、废渣/废料/废水等处理困难或花精力、能源利用不合理等。

图 2-14　环境 5S 领域的现象

通过开发一些整列化机构，以及油污回收、废料自动回收、能源共用等节能环保机构，便可以提供靓丽的工作环境，减轻员工劳动强度，提高员工有效作业时间。

8. 现场管理领域

现场管理的现象（图 2-15）包括：现场可视化少，人、机、料、法、环、测状态不明，没有数据等信息。

图 2-15　现场管理的现象

根据以上八大领域现象，我们进行汇总，通过一个简单的挖掘 LCIA 机会点表（表 2-3）到企业现场进行对照诊断，无论是专业的精益改善人员还是普通的员工，只要对照此表格就可以挖掘出很多 LCIA 机

第 2 章　低成本自动化改善思路与挖掘机会点的方法

会点,从而为提案改善提供更多的支持和方法,为企业持续改善的氛围提供持续的动力。

拿着此表格在现场每个工作站进行对照,就会发现很多意想不到的收获。通过梳理及实施工作站的关键点和风险点改善,让员工更轻松地作业,从而激发员工的潜能和对工作的热情,提高员工的幸福感和参与感,这些正是 LCIA 的价值体现。通过尊重员工,充分发挥员工的智慧,实现持续改善,不断去挑战自我,最终能实现多赢的局面。LCIA 能将现有的生产系统改进为"聪明(有智慧)的自动化系统",最终实现少人化生产。

表 2-3　挖掘 LCIA 机会点表

作业领域	物流领域	品质领域	设备领域	治具领域	安全领域	环境 5S 领域	现场管理领域
是否劳累(幅度大、弯腰、转身)	物料是否近手取料	是否返修多	是否小型化	是否近距离摆放	是否有隐患	是否节能环保	是否有数据(目标)
是否有规律	是否跨工位搬运	是否防错	是否窄而深	是否轻巧	是否做了机械防护	能源是否活用	是否可视
是否需要注意力	是否精准取放	是否有等级对策	是否自动夹紧	是否可以合并		物料是否整列	是否有看板
是否决策	是否翻转	是否漏装	是否自动弹出	是否好用		是否脏污	是否低成本
是否行走	是否堆积(存放)	是否错装	是否方便移动	是否柔性		空间是否合理	
是否寻找	是否同向		是否方便操作	是否自动弹出			
是否等待	是否有序			是否智能			
是否操作难	是否造成空间浪费						
是否简单重复							

2.2.3　通过作业 12 项原则挖掘 LCIA 机会点

1. 组装作业工作站设计 12 项原则

无论是 Cell（单元）线还是流水线作业等，都是各工序工作站的组合体，因此组装作业工作站（工序或制程）的设计原则非常重要，能够指导工作站设计，同时也是进行自我诊断非常好的参考标准。

1）手的作业最佳位置（部品、工具等在最佳位置摆放，M3 内可拿取）。

2）工具的道具化（如同杂技表演，工具变成道具一样，将工具加工成容易使用的道具，再将其升级为有智慧的小设备，市场上买不到的才有竞争力）。

3）选择自动化（在作业、工序、测试等时，从寻找、选择、判断的事情中解脱出来，实现有节奏的作业。彻底搞好可视化管理，实现按照颜色、形状、顺序放置的构造，闭着眼睛也不会拿错）。

4）道具自动化（把手工作业改为电动或气动等驱动的简易 LCIA 机构作业等）。

5）从治具到治具（组装作业时常常把左手作为治具使用，但手并不是治具。组装的工件要能够从一个治具送到另一个治具，这样的治具需要有大致的引导装置）。

6）第一工序与第二工序并行（在组装作业时同一位作业者同时操作 LCIA 机构或设备作业和手工作业两个工序，并行作业而不是在等待）。

7）自动排出（LCIA 机构组装完毕后，工件没有异常就自动从治具里排出，发生异常状况时工件不排出的结构，由人工解决）。

8）从出口到入口（从自动设备排出的工件出口应处于下一工序入口）。

9）套件化和配套化（根据组装线体的组装顺序信息，应该在准确的时间，所需部件、工具等在指定的容器和指定的场所已处于配套化，这样即使忘了组装，也会立刻察觉问题）。

10）卡夹式部品供给（从前工序加工中出来时放入卡夹式或弹夹式容器中投入组装线。在组装工艺中即使不使用进料器也可实现单件流。

第2章 低成本自动化改善思路与挖掘机会点的方法

在改变机型时也可通过更换弹夹完成一个动作切换)。

11)一个动作机型变更(在组装工厂特别需要机型变更的快速换线。不能进行快速换线的组装工艺没有竞争力。能否通过 LCIA 构建快速换线系统是今后组装作业工艺的关键)。

12)正在手术医生的手(正在手术的医生,其作业的重要事项是如何缩短时间。在同一位置接手术刀和绷带,眼睛始终注视患者的患部,手的移动距离很短,定点拿取需要的工具和部品,不需要远距离拿取或查找)。

认真领悟了这 12 项原则,就理解了 LCIA 在效率、品质及企业核心竞争优势中所发挥的强大作用。例如一家电子厂,改善前员工对部品进行压合测试,劳动强度大,通过推行 LCIA 项目后,优化了此员工,上下工序直接对接,上工位的员工将部品直接放到治具上,自动进行测试,若是异常设备就自动停止,上工序人员将部品取出,放入不合格区,若测试正常就自动将部品排出,下工序人员直接进行作业,如图 2-16 所示。

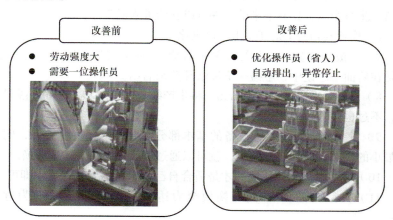

图 2-16 LCIA 改善案例

2. 机械加工作业工作站设计 12 项原则

目前国内机械加工行业大部分企业还是传统的制造流程,功能型布局，导致现场凌乱和大量的重复搬运工作，劳动强度大，环境恶劣，很难留住 90 后的员工。目前机械加工行业工人老龄化严重，对该行业来说是一个非常大的挑战。为了让员工轻松工作，要减轻劳动强度，并充分发挥人的智慧，可以通过导入精益和低成本自动化、自动化等来解决多年的困惑。因此，机械加工作业工作站设计 12 项原则也非常重要，同时也可以参照 12 项原则进行自我诊断，看看目前存在哪些问题，如何实现着着化和自动化等。

1) 工件自动夹紧（手工作业夹紧改为机械、气缸等自动夹紧。若发生异状无法夹紧就不能加工）。

2) 工件强制排出式固定器具（工件加工完毕后，工件自动掉入滑槽）。

3) 前进、停止、返回是设备要做的事情，如工具自动回归到原点。

4) 从脱脱化（工件加工完毕需要人工取出来）到着着化（只要把工件放入设备，工件加工完毕后自动卸下）。

5) 自工序的出口是下工序的入口，想办法缩短工程设备间的搬运距离、步行距离，让卸下来的工件可以立即进入后工序。

6) 作业与检查 One Touch⊖ 仪表化。

7) 一键同步化（以并行开关来启动），不是放入工件后启动按钮，而是在后面工序途中，触碰一下极限开关来启动。

8) 设备幅宽是工件 +100mm，将生产线上的工序和工序间间隔最短化，不过也要因地制宜。

9) 设备的模组化，将设备的基本部分和专用部分明确分开，明确到最小的模组，只要产品变更，就可以通过连接器和接头快速切换。

10) 小型设备化，适速的才是适合自己的，能达到工艺要求即可。

11) 机型变更 81s，内部换模全力达到 81s，否则无法成为世界第一。

12) 设备的动作要从足球模式改为橄榄球模式，一个动作未完成前，下一个动作就要尽可能开始进行（并行作业），这对缩短作业时间非常重要。

⊖ One Touch 可以理解为一键响应、一次触摸、即插即用等。

第 2 章 低成本自动化改善思路与挖掘机会点的方法

通过领悟这 12 项原则，在机械加工行业灵活应用，实现一人多机 Cell 生产，让员工轻松工作，最终会实现意想不到的效果。机械加工 LCIA 改善案例如图 2-17 所示。

图 2-17 机械加工 LCIA 改善案例

3. 物流作业设计 12 项原则

我走访了上千家企业，无论是世界 500 强还是中小民营企业等，发现 90% 的企业都还是传统的物流搬送方式，即点对点搬送，甚至有些大企业更离谱，仓库人员把物料搬送到线外，让作业人员自己去"抢"需要的物料，动作慢了产线也许就没活干。有些稍微好点的企业使用了 AGV，可是 AGV 就只是替代人工推车，没有省力和省人，还是需要人工搬上搬下并且专人看管等。80% 的企业的容器有成百上千种，给后期搬送和自动上下料机构造成很多困难，同一个部品来自不同的供应商，那么包装容器都有所不同，这些对未来实现 LCIA 都是非常不利的。因此物流作业设计 12 项原则非常重要，是未来实现自动化的良好基础，否则很难实现。

1）容器宽幅要小，这样同一个工作站才可以放置更多物料。

2）容器标准化，根据工艺要求设定容器（15min、30min、1h）。

3）混载配套运送周转车，根据制品所需要零件的比率（配套）来配送。

4）装与卸要滑动，统一台车和线边料架的高度，以便能快速完成上下搬运作业,从而导入 AGV,实现省力或作业省人化。

5)从后工序开始,后工序是搬运的起点,到前工序去领取是非常重要的。

6)搬运路径要如写一笔字,根据指定的顺序巡回数个前工序,根据自工序的生产顺序收集必要种类规定数量的零件。

7)搬运是多回路,提高搬运频率,缩短搬运时间。

8)移动自动化,追求有智慧的自动化,活用自制的 AGV。

9)空箱回收也纳入流程中,零件投放多少箱,空箱回收就多少箱。

10)定时不定量(定时定量)配送,根据线体的情况进行灵活应对。

11)移送台车,不要吊车、起重机、堆高机,否则无法推进有智慧的 LCIA 改善。

12)物料一直在流动和变化中,要采用流动的仓库如周转车。

根据物流作业设计 12 项原则进行物流 LCIA 改善,不仅实现省力、省时,同时物流人员大幅减少,不需要人工搬上搬下,实现自动对接或转换,生产现场非常顺畅和高效,按需按时配套化自动配送,从而实现高效运转,如图 2-18 所示。

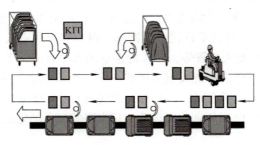

图 2-18　物流作业 LCIA 改善

综上所述,根据作业 12 项原则,分别对企业的现状一一对照,充分发挥人的智慧,可挖掘 LCIA 改善机会点及未来企业改善的方向。

第 3 章 低成本自动化八大机构原理与应用

杠杆原理三兄弟，省时省力有效率
复杂事情简单化，省钱省事又利己
八大机构组合变，实用实惠又简便

本章主要内容：
- ➢ 杠杆机构的基本原理与应用
- ➢ 连杆机构的基本原理与应用
- ➢ 斜面机构的基本原理与应用
- ➢ 滑轮、轮轴机构的基本原理与应用
- ➢ 凸轮机构的基本原理与应用
- ➢ 齿轮机构的基本原理与应用
- ➢ 槽轮、棘轮机构的基本原理与应用
- ➢ 传送带、链条、绳索机构的基本原理与应用

3.1 杠杆机构的基本原理与应用

1. 杠杆机构的基本原理

人类从很早就已经学会使用杠杆，并利用杠杆来解决一些生活中遇到的问题。杠杆是一种简单的常见机械，也是 LCIA 机构中应用比较多的基本机构之一。阿基米德（公元前 287 年—公元前 212 年）在《平面图形的平衡或其重心》中最早提出了杠杆原理。即"二重物平衡时，它们离支点的距离与重量成反比。"

其实，即使在科技高度发达的今天，我们身边仍旧随处可见杠杆的运用。例如指甲剪、羊角锤、镊子、吃饭的筷子、空箱回收机构、反向机构等，都是基于杠杆原理的。

杠杆就是用刚性材料制成的直的或弯曲的异形杆，在外力作用下能绕固定点或一定的轴线转动的简单机械，有时也称为臂杆。杠杆五要素如图 3-1 所示。

- 支点：杠杆绕着转动的点，通常用字母 O 来表示。
- 动力：使杠杆转动的力，通常用 F_1 来表示。
- 阻力：阻碍杠杆转动的力，通常用 F_2 来表示。
- 动力臂：从支点到动力作用线的距离，通常用 L_1 表示。
- 阻力臂：从支点到阻力作用线的距离，通常用 L_2 表示。

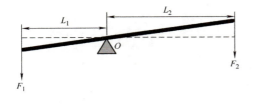 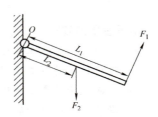

图 3-1　杠杆五要素

杠杆在设备开发领域以臂杆（图 3-2）的形式呈现，经常与连杆、凸轮等组合产生往复运动。有施力点、支点、受力点，旋转轴作为支点。

第3章 低成本自动化八大机构原理与应用

杠杆原理（图3-3），又称为杠杆平衡条件。制作杠杆机构的主动侧一旦提供动力并产生动作，从动侧就会获得动力与动作。因为变换的过程中没有获得其他动能，所以输出的从动能大小不会超过输入的主动能。如果不考虑摩擦及振动等其他机械损失，则输入的主动能会在维持原状的情况下传送到输出能这一侧，也就是说主动侧提供的动能与从动侧的动能相等。

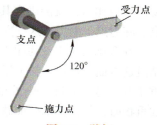

图3-2 臂杆

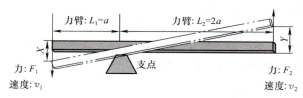

图3-3 杠杆原理

1）若要杠杆平衡，则力臂 L 与力 F 成反比，公式为

$$F_1 L_1 = F_2 L_2$$

当力臂减半时，力就会倍增。

2）若要杠杆平衡，则速度 v 与力 F 成反比，公式为

$$F_1 v_1 = F_2 v_2$$

当速度减半时，从动侧的力是主动侧所提供动力的两倍。不管任何机构，力与速度的关系是不会变的。

3）若要杠杆平衡，则力臂与物体移动的距离成正比，公式为

$$L_1 : X = L_2 : Y$$

可以换算为

$$L_1 Y = X L_2$$

当力臂减半时，物体移动的距离是主动侧移动距离的一半。因此，杠杆机构只适合短距离移动的情况。

在没有摩擦的理想状态及均等变换的情况下，只要知道力臂及速度的变换比值，就能确定其动力大小。因此杠杆原理，只要重点放在支点、施力点、受力点这三点的距离关系上，就能得知所产生的力大小。

在我国历史上，也早有对杠杆原理的记载。战国时代的墨家曾经总结过这方面的规律，在《墨经》中就有关于天平平衡的记载："衡木：加重于其一旁，必锤——重相若也。"这句话的意思是：天平衡量的一臂加重物时，另一臂则要加砝码，且两者必须等重，天平才能平衡。

2. 杠杆力的分类

在日常工作生活应用中，从施加力的应用场景对杠杆进行初步的分类，大体可以分为以下三类。

（1）省力杠杆

根据杠杆原理，动力臂 L_1 大于阻力臂 L_2，平衡时动力小于阻力，自然就可以达到省力，如图3-4所示。

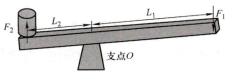

图3-4 省力杠杆

省力杠杆主要应用在以下场合：

1）通过一个相对小的力获得比较大的力量。
2）希望通过很小的力量来移动较重的物体。
3）想移动远处物体时。

生活中常见的实例：杠杆式斜嘴钳、开酒器、羊角锤、扳手、打孔机、裁纸的剪刀、手推车等，如图3-5所示。

图3-5 省力杠杆实例

(2)费力杠杆

相反,当动力臂 L_1 小于阻力臂 L_2,平衡时动力大于阻力,自然就费力,如图 3-6 所示。

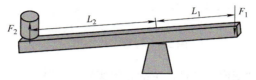

图 3-6　费力杠杆

费力杠杆主要应用在以下场合:
1)将一个较大的力弱化成为一个较小的力。
2)幅度小的动作可以转化为一个大幅度的动作。
生活中常见的实例:镊子、筷子、钓鱼竿等,如图 3-7 所示。

图 3-7　费力杠杆实例

(3)等臂杠杆

当然,如果动力臂 L_1 等于阻力臂 L_2,那么杠杆平衡时,动力与阻力就相同,如图 3-8 所示。

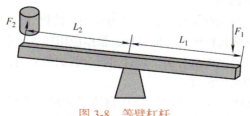

图 3-8　等臂杠杆

利用这个原理,人们发明了天平、定滑轮、跷跷板等,如图 3-9 所示。

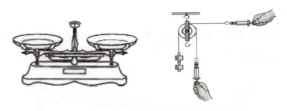

图 3-9 等臂杠杆实例

滑轮是一种变形的杠杆，定滑轮的实质是等臂杠杆，动滑轮的实质是阻力臂为动力臂一半的省力杠杆。

3. 杠杆形状分类

杠杆可以是任意形状，通常可分为规则直线型杠杆（如铰链、空箱回收机构等）和异形曲线型杠杆（开瓶器、AGV对接杠杆等），如图 3-10 所示。

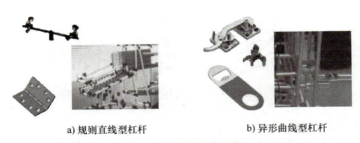

a) 规则直线型杠杆　　　　　　b) 异形曲线型杠杆

图 3-10 杠杆形状分类

4. 杠杆机构的设计

杠杆的设计分为两个部分：一是力和距离的设计；二是杠杆形状的设计（是采用规则杠杆还是异形杠杆，根据应用场景而定）。

首先，可以通过需求分析，设计出符合我们需要的杠杆机构。

（1）力和距离的设计

1）力的设计。计算利用杠杆让物体移动所需要的重物，$L_1=2l+l$，$L_2=l$，$F_1=G$，$F_2=F$。计算公式：$F_1L_1=F_2L_2$，如图 3-11 所示。

2）杠杆力臂的设计。有一种机构是用气缸做上下往复运动，靠推送头将工件从上往下压,如图 3-12 所示。当组装这类机构时就会导致其使用寿命不长,螺钉很容易松脱和材料破损。

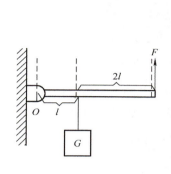

图 3-11　杠杆力的设计　　　　图 3-12　杠杆力臂的设计

如果气缸的重量是 5kg,组装的角部到螺钉的距离是 20mm,从角部到气缸固定部的距离是 100mm,那么螺钉就得承受比气缸重 5 倍的重量,即 25kg。当气缸下降施力于工件时,螺钉又会承受更大的力。当气缸是 20kg 的力时,螺钉就会承受 120kg 的力。这样杠杆的杆承受的力也要变大,很容易发生变形等,因此这样的设计不合理。

(2)杠杆形状的设计

有时因为空间位置和使用场景等限制,规则的杠杆可能无法满足功能需求,所以,也可以通过一些特殊的设计(如异形的杠杆)来实现某些功能。下面通过简单几个案例来说明部品箱切出控制杠杆机构,应用场景不同设计杠杆机构不同。

1)为了保证部品箱一个个切出,而不是挤压在一起,导致不方便拿取,采用如图 3-13 所示的部品箱切出控制杠杆机构,前面一个部品箱流出,后面一个部品箱静止不动,当前方挡位复位时,后面一箱才自动下滑到前方。

图 3-13　部品箱切出控制杠杆机构（一）

2）为了满足力臂及作动距离，借助上升的力来控制杠杆，不再增加其他控制机构，采用两个杠杆结合的设计，如图 3-14 所示。

图 3-14　部品箱切出控制杠杆机构（二）

3）当物料架与周转车物料架之间实现无人搬运进行无缝对接时，就要采用如图 3-15 所示的部品箱切出控制杠杆机构。控制杠杆安装在周转车物料架的侧方，以便于更好地控制和合理地利用空间。

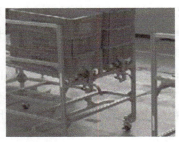

图 3-15　部品箱切出控制杠杆机构（三）

第3章 低成本自动化八大机构原理与应用

5. 杠杆机构的应用

日常生活中,杠杆机构是一个非常常见和容易制作的机构。人们可以灵活运用杠杆来完成控制或省力作业等。常见的杠杆机构有以下几种:

(1)杠杆控制机构

如图3-16所示,该机构是LCIA中常用的控制机构。它可以在力的作用下,实现:进料状态→空料箱排出状态→补料状态的变化。

图3-16　杠杆控制机构

对图3-16的控制机构进行说明:

1)脚踩踏板,踏板绕旋转点 A 转动。

2)踏板远端上升,连动传动杆上升。

3)受传动杆上升的影响,托盘围绕旋转点 D 转动,从而使原本远端向上变为远端向下。此时,物料箱沿托盘上方滑出。

4)松开踏板,踏板受力消失。

5)托盘在踏板重力负荷下,回复到原始状态,物料箱滑入作业区。

(2)杠杆分拣/识别机构

在现实工作生活中,为了快速分拣不同重量的包装箱或部品,可以设计一个防错分拣的杠杆机构,通过杠杆原理来快速识别出不同重量的物体,以提高操作员的工作效率,减少失误。因此,在物料甄别、错装漏装等领域可以利用杠杆原理来设计适用的LCIA机构。

杠杆分拣/识别机构如图3-17所示。滑道1: $G \geqslant 40g$;滑道2:

$30g \leqslant G < 40g$；滑道3：$20g \leqslant G < 30g$；滑道4：$10g \leqslant G < 20g$；滑道5：$G < 10g$。当物料从轨道上从左向右滑行时，根据其自身重量，其会落入不同的滑道内，从而达到分拣/识别重物（重量G）的需求。

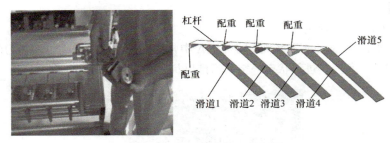

图3-17　杠杆分拣/识别机构

（3）杠杆偏心复位机构

杠杆与其他力配合可以实现偏心复位动作，主要是打破目前的平衡状态。例如杠杆机构结合平衡器、配重、人力使部品或部品箱滑入、滑出后并复位，如图3-18所示。

图3-18　杠杆偏心复位机构

图3-18所示的杠杆偏心复位机构的分解图如图3-19所示，当部品或部品箱滑入杠杆机构上时杠杆失衡，部品或部品箱滑出后，在力的作用下恢复原状。

第3章 低成本自动化八大机构原理与应用

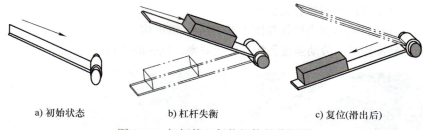

a) 初始状态　　　　b) 杠杆失衡　　　　c) 复位(滑出后)

图 3-19　杠杆偏心复位机构的分解图

（4）杠杆偏心跨工位搬运机构

杠杆偏心跨工位搬运机构如图 3-20 所示，该机构可以实现杠杆偏心跨工位搬运，从而减少搬运次数，降低操作员的劳动强度。该机构结合自身重力、配重、平衡器、弹簧等，实现部品或部品箱从上工位传递到下工位时并能恢复到初始状态。杠杆是实现偏心最常用的机构之一。

图 3-20　杠杆偏心跨工位搬运机构

（5）杠杆省力搬运机构

日常工作中的压合、测试、剪切等大部分采用杠杆机构，在物流搬运的过程中也大量采用杠杆机构，如图 3-21 所示，以便于更轻松的作业。

（6）杠杆反向器省力机构

杠杆反向器省力机构如图 3-22 所示，该机构可实现部品的搬运，从而减轻操作员的劳动强度，提高作业效率，减少品质和安全隐患。

图 3-21　杠杆省力搬运机构　　　图 3-22　杠杆反向器省力机构

【例 3-1】　如图 3-23 所示杠杆机构，在施力点施加多大的力可以提起 40kg 的重物？

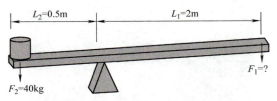

图 3-23　杠杆机构（一）

解：根据 $F_1L_1=F_2L_2$，可得

$$F_1 = \frac{F_2L_2}{L_1} = \frac{40 \times 0.5}{2} \text{kg} = 10\text{kg}$$

所以，在施力点施加 10kg 的力即可提起 40kg 的重物。

由此可知，如果想改变动力或是阻力的大小，则可以通过以下两种方法来保持平衡：①改变支点的位置；②改变杠杆的长度。

【例 3-2】　如图 3-24 所示杠杆机构，当阻力点向下移动 10cm 时，动力点需要向上移动多少距离？

第 3 章 低成本自动化八大机构原理与应用

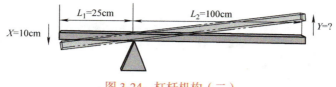

图 3-24 杠杆机构（二）

解： 根据 $L_1 : X = L_2 : Y$，可得

$$Y = \frac{XL_2}{L_1} = \frac{10 \times 100}{25} \text{cm} = 40\text{cm}$$

所以，当阻力点向下移动 10cm 时，动力点需要向上移动 40cm。

由此可知，如果想改变动力或是阻力移动距离的大小，则可以通过以下两种方法来保持平衡：①改变支点的位置；②改变杠杆的长度。

3.2 连杆机构的基本原理与应用

1. 连杆机构的基本原理

连杆机构（Linkage Mechanism）又称低副机构，是 LCIA 八大基本机构之一，是指由若干（两个以上）有确定相对运动的刚性构件（连杆棒）用低副（也称销，转动副或移动副）连接组成的机构。它可以形成多种复杂的动作，因此在很多场景应用。

2. 连杆机构的类型

连杆有很多种类型，根据构件之间的相对运动为平面运动或空间运动，连杆机构可分为平面连杆机构和空间连杆机构，如图 3-25 所示。根据机构中构件数目的多少可分为三连杆机构、四连杆机构、五连杆机构、六连杆机构等，一般将五连杆及五连杆以上的连杆机构称为多杆机构。当连杆机构的自由度为 1 时，称为单自由度连杆机构；当自由度大于 1 时，称为多自由度连杆机构。

平面连杆机构广泛应用于各种机械、仪表和机电产品中，因此下面主要介绍几种平面连杆机构。

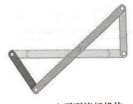 

a) 平面连杆机构　　　　b) 空间连杆机构

图 3-25　连杆机构的类型

（1）三连杆机构

三连杆机构，也就是由三根连杆组成的连杆机构（图 3-26）。如果固定其中一根连杆，则其他的连杆也将无法进行动作。但是，如果只固定其中的一个低副（销），则整个连杆机构还可以围绕固定点做旋转运动。

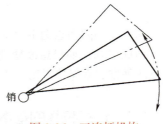

图 3-26　三连杆机构

（2）四连杆机构

平面连杆机构是一种常见的传动机构，其最基本也是应用最广泛的是由四个构件组成的平面四连杆机构（图 3-27）。它由 4 个低副 A、B、C、D 将 4 根杆件 AB、BC、CD、DA 连接在一起。当固定其中一根杆件 CD 时，B 低副以 C 为中心做旋转运动，那么 A 低副会按照一定的轨迹随之一起运动。

根据上述分析不难得出，在四连杆机构中，固定其中一个杆件，如果除此之外的任意一个低副动作，则其余的两个杆件一定会按照固定的轨迹进行运动。

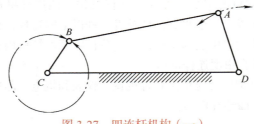

图 3-27　四连杆机构（一）

习惯上，将固定的杆件（CD）称为支架，将做圆周运动的杆件（BC）称为曲柄，将做摇摆运动的杆件（AD）称为摇杆，将连接曲柄和摇杆的杆件（AB）称为连杆。

由于四连杆机构在 LCIA 中使用的频率较高，下面对四连杆机构的运动形式进行详细的说明。

在日积月累的使用过程中，人们对连杆运动形式的产生摸索出了一定的规律。其中，格拉肖夫判别式为连杆是否可以做出完整的旋转运动给出了定义。

1）当最短杆长度+最长杆长度≤其他两杆长度之和时（图 3-28）：
- 以最短杆为机架时，必为双曲柄机构。
- 以最短杆的相邻杆为机架时，必为曲柄摇杆机构。
- 以最短杆的对面杆为机架时，必为双摇杆机构。

例如：AB=25mm、BC=9mm、CD=30mm、AD=15mm，BC+CD＜AB+AD。

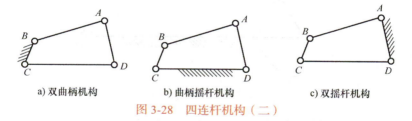

a) 双曲柄机构　　　b) 曲柄摇杆机构　　　c) 双摇杆机构

图 3-28　四连杆机构（二）

2）当最短杆长度+最长杆长度＞其他两杆长度之和时，以任何一根杆件为支架，都只能为双摇杆机构（图 3-29）。

例如：AB=30mm、BC=12mm、CD=39mm、AD=20mm，BC+CD＞AB+AD。

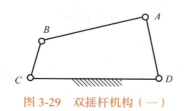

图 3-29　双摇杆机构（一）

四连杆机构的运动变化如下：
1）双摇杆机构（摆动→摆动），如图3-30所示。

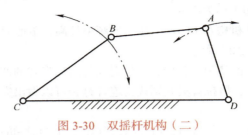

图3-30　双摇杆机构（二）

2）曲柄摇杆机构（转动→摆动），如图3-31所示。

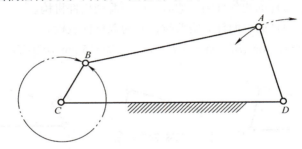

图3-31　曲柄摇杆机构

3）双曲柄机构（转动→转动），如图3-32所示。

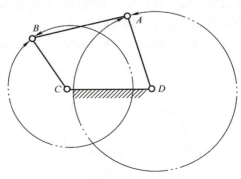

图3-32　双曲柄机构

4）平行连杆机构（相对水平运动），如图 3-33 所示。

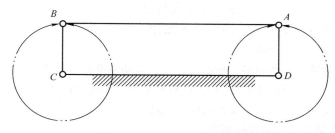

图 3-33　平行连杆机构（一）

（3）五连杆机构（多连杆机构）

五连杆机构也称为多连杆机构，是由不低于 5 根杆件连接组成的连杆机构（图 3-34）。但是，当尝试同四连杆机构的方式一样，固定其中一根杆件，让另外的一个低副转动时，其余杆件却无法得到一个固定的运动轨迹。

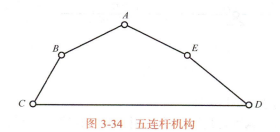

图 3-34　五连杆机构

3. 连杆机构的主要特点

连杆机构构件的运动形式多样，可实现旋转运动、摇摆运动、移动和平面或空间复杂运动，从而可用于实现已知运动规律和已知轨迹。当需要很大的力时，也可以设计成连杆增力机构。

（1）连杆机构的优点

1）采用低副。面接触、承载大、便于润滑、不易磨损、形状简单、易加工、容易获得较高的制造精度。

2）改变杆的相对长度，从动件运动规律不同。

3）两构件之间的接触是靠本身的几何封闭来维系的,它不像凸轮机构有时需利用弹簧等力封闭来保持接触。

4）连杆曲线丰富,可满足不同要求。

(2)连杆机构的缺点

1）构件和运动副多,累积误差大、运动精度低、效率低。

2）产生动载荷(惯性力),且不易平衡,不适合高速。

3）设计复杂,难以实现精确的轨迹。

4. 生活中常见的连杆机构

(1)曲柄滑块机构(图3-35)

点 B 绕点 O 做圆周运动,带动 A 滑块来回往复运动。比较典型的应用为汽车气缸活塞的运动。

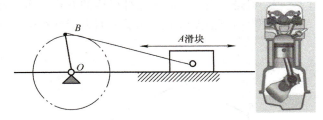

图 3-35　曲柄滑块机构

(2)平行连杆机构(图3-36)

平行连杆机构因为其具有可以平行移动的特性,所以,很多机构在设计时都运用这一特性来解决问题,如火车轮、剪式千斤顶、道闸等。

图 3-36　平行连杆机构(二)

第 3 章 低成本自动化八大机构原理与应用

（3）双摇杆机构（图 3-37）

双摇杆机构是指两连架杆均是摇杆不能做圆周运动的四杆机构，最短连杆的正对方向为固定支架，如起重机、挖掘机等。

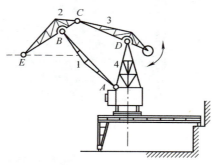

图 3-37 双摇杆机构（三）

5. 连杆机构在 LCIA 中的应用

（1）连杆控制机构

在工作中，一般部品箱内会放缓冲隔层材料，以防止部品箱中的部品之间发生碰撞并造成品质隐患，使用时缓冲隔层材料需要回收。通常的做法都是将缓冲隔层材料放置在一旁，待部品使用完以后再整理装回箱内。这样就产生了拿取和再整理的动作浪费。如何才能避免这样的动作浪费发生呢？利用连杆制作了放置缓冲隔层材料空箱的上下料机构，如图 3-38 所示。

1）上方放置有部品的部品箱，下方放置缓冲隔层材料（隔膜泡棉）空箱。使用部品时，将缓冲隔层材料直接放入下层空箱内。机构状态如图 3-38b 所示。

2）部品全部使用完毕后，脚踩踏板。机构状态如图 3-38c 所示。下层装有缓冲隔层材料的箱体滑出，上层空箱进入预备区。

3）待部品箱滑行到位后，松开踏板。机构恢复到原来状态，如图 3-38b 所示。满箱物料进入上方操作位置，预备区空箱进入下方缓冲隔层材料位置。

以此实现循环上下料操作，并且缓冲隔层材料可直接放入空箱内，以减少动作浪费。

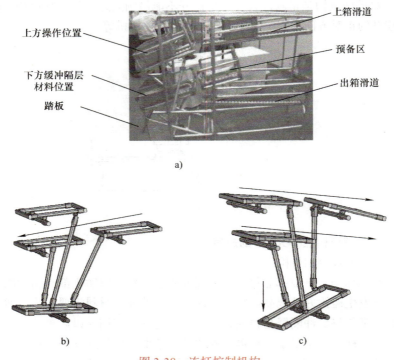

图 3-38 连杆控制机构

（2）连杆升降/伸缩机构

平行连杆机构可以使平台进行上下升降。例如剪式千斤顶，采用自动调节连杆升降机构（图 3-39），实现定点取放物料，人性化满足不同身高操作员的需求。它具有可以便捷调整高矮的距离优势。

平行连杆机构可以使平台进行水平伸缩。例如传送带，采用连杆伸缩传输机构（图 3-40），实现快速水平伸缩移动，合理利用空间，降低劳动强度。

（3）保持某一状态的连杆机构

平行连杆机构与杠杆一起组合使用，可以使某一状态保持垂直、水

第3章 低成本自动化八大机构原理与应用

平或某一角度。例如：实现垂直的电动螺钉旋具，无论操作员如何使用，电动螺钉旋具始终保持在垂直状态，这样以防螺钉打偏；还有台灯保持某一状态，但是可以快速调整台灯的高矮，台灯仍然一直保持某一状态，这就是采用了平行连杆机构（图3-41）。

图3-39 连杆升降机构

图3-40 连杆伸缩传输机构

图3-41 平行连杆机构（三）

6.连杆机构的应用分析

（1）肘节连杆增力机构的应用分析

在机构开发领域经常需要输出很大的力，有部分连杆机构是由臂杆（杠杆）、连杆棒、肘节和低副连接组成的，如图3-42所示。而其中的肘节就是由两根连杆棒组合的简单构造，在连杆伸展中断处会产出最大的力。在接近直线时可以起到减速的功能，在伸展中止的状态下也具有锁付（支承）的作用。它是一个利用旋转臂杆把旋转运动转换成直线运动的机构。在组装作业、工件夹取、工装固定、冲压、搬运等领域经常用到肘节连杆增力机构。

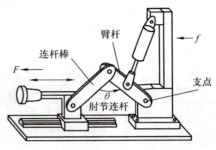

图 3-42 肘节连杆增力机构

在使用肘节连杆增力机构时,所输出的力与肘节构成的角度 θ 有直接的关系,当 $\theta=120°$ 时,动力输入力 f 和动力输出力 F 的比大约为 1:1。当 $\theta=150°$ 时,输出力 F 将约为输入力 f 的 2 倍,当 θ 快达到 180° 时,输出力 F 将约为输入力 f 的 120 倍。F 与 f 之间的关系:$F=\dfrac{f}{2\cos\left(\dfrac{\theta}{2}\right)}$,由此可以总结出角度 θ 与 F/f 的关系,见表 3-1,以供参考。

表 3-1 角度 θ 与 F/f 的关系

θ	F/f
80°	0.65
100°	0.78
120°	1
150°	1.93
160°	2.88
170°	5.73
175°	11.46
178°	28.65
179.5°	114.59

(2)曲柄摇杆机构的应用分析

1)曲柄摇杆机构的急回运动(图 3-43)。工作行程时间>空回行程

第3章 低成本自动化八大机构原理与应用

时间，曲柄（主动件）沿顺时针方向做匀速转动，摇杆（从动件）做变速往复摆动，例如：缝纫机、牛头刨床、往复式输送机等。

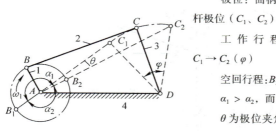

极位：曲柄与连杆共线（B_1、B_2）$\Rightarrow$ 摇杆极位（C_1，C_2）

工作行程：$B_1 \rightarrow B_2$（α_1）$\Rightarrow$ 摇杆 $C_1 \rightarrow C_2$（φ）

空回行程：$B_2 \rightarrow B_1$（α_2）$\Rightarrow$ $C_2 \rightarrow C_1$（φ）

$\alpha_1 > \alpha_2$，而 φ 不变

θ 为极位夹角（摇杆处于两极位时，对应曲柄所夹锐角）

图 3-43　曲柄摇杆机构的急回运动

曲柄摇杆机构的行程速度变化系数（行程速比系数）K 为

$$K = \frac{v_2}{v_1} = \frac{\widehat{C_1C_2}/t_2}{\widehat{C_1C_2}/t_1} = \frac{t_1}{t_2} = \frac{\alpha_1}{\alpha_2} = \frac{180°+\theta}{180°-\theta}$$

$$\theta = 180° \frac{K-1}{K+1}$$

2）曲柄摇杆机构的死点位置（图 3-44）。当摇杆为主动件，而曲柄 AB 与连杆 BC 共线时（摇杆 CD 处于极位），摇杆 CD（主动件）通过连杆加于曲柄的驱动力 F 正好通过曲柄的转动中心 A，因此不能产生使曲柄转动的力矩。但因存在飞轮惯性，所以不会卡死。

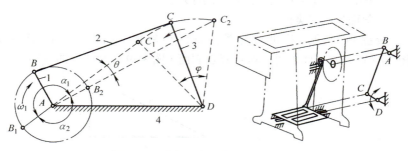

图 3-44　曲柄摇杆机构的死点位置

3）曲柄摇杆机构的压力角和传动角（图3-45）。压力角 α：作用在从动件上的驱动力 F 与该力作用点绝对速度 v_C 之间所夹的锐角。传动角 γ：$\gamma=90°-\alpha$，压力角越小（即传动角越大），有用的分力越大。因此，传动角是衡量机构受力大小的一个重要参数。

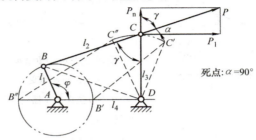

图3-45　曲柄摇杆机构的压力角和传动角

3.3　斜面机构的基本原理与应用

1. 斜面机构的基本原理

斜面是一种简单机构，与水平面成一定角度的平面，利用分力的原理能够将物体以相对较小的力从低处提升至高处。物品可以通过自身的重量（自重）向下移动。距离比和力比都取决于倾角：斜面与平面的倾角越小，斜面越长，则越省力，但费距离，斜面也称为分力机构。它是节约能源、保护环境所不可或缺的一类机构。在战国时期，墨子在《墨子》一书中也叙述了斜面与其省力的原理。

2. 斜面机构的类型

根据斜面的形状进行分类：直线型斜面（图3-46）、凸形斜面（图3-47）、凹形斜面（图3-48）、螺旋斜面（图3-49）、楔子（图3-50）等。

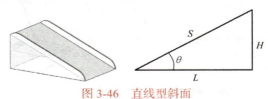

图3-46　直线型斜面

第3章 低成本自动化八大机构原理与应用

图 3-47 凸形斜面

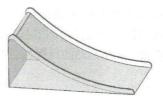

图 3-48 凹形斜面

图 3-49 螺旋斜面

图 3-50 楔子

3. 斜面机构的设计

（1）斜面呈现的方式

在制造现场，斜面呈现的方式有固定斜面和助力运动斜面，如采用木板、中空板、不锈钢、精益管等材料制作的不用滑动的斜面称为固定斜面，而采用流利条、福来轮、滚筒等材料制作的需要助力滑动的斜面称为助力运动斜面。

1）固定斜面机构。根据应用的场景，若是工作站前方或侧方为了方便取放物料，斜面的角度一般设计为 35°~45° 比较合理，以便于操作员快速取放物料。设计斜面时要考虑到物料的属性和物料容器等，以免造成物料溢出。

若是用来做看板的斜面，则斜面的角度为 45°~90°。若是物品载放器具，则根据实际的应用场景设计斜面，要考虑到周边的环境因素和操作员是否方便取放等。

2）助力运动斜面机构。当斜面需要传送部品或部品箱时，斜面的材料选择流利条、福来轮、滚筒等助力滑动的材料，其斜面的设计与固定斜面有所不同，此时要考虑的因素更多，如材料的摩擦系数、物体下滑的冲击力、物体移动的速度等。

在不考虑摩擦系数的情况下，斜面的倾角越大，下滑的速度就越快，同等行程所用的时间就越短，下滑时的冲击力就越大。

斜面上物体运动的行程 S、加速度 a、摩擦系数 μ 与倾角 θ 的关系如下：

$$a = g(\sin\theta - \mu\cos\theta)$$

$$S = \frac{1}{2}at^2 = \frac{1}{2}g(\sin\theta - \mu\cos\theta)t^2$$

摩擦系数越大，物体下滑的加速度就越小，同等行程的时间就越长，下滑时的冲击力就越小；摩擦系数越小，物体下滑的加速度就越大，同等行程的时间就越短，下滑时的冲击力就越大。

特别是物料周转车与线边物料架进行对接时，物体要从物料周转车上下滑多久才能到线边物料架上，需要计算时间，否则后续推行 AGV 无人对接就很难把握。根据实际应用需求，应计算出物料周转车的斜面需要多大的角度，采用什么材料，多长时间才能将物料周转车上的物料安全送到线边物料架上。

（2）快速计算斜面的公式（图 3-46）
- θ 的正弦是对边与斜边的比值：$\sin\theta = H/S$；
- θ 的余弦是邻边与斜边的比值：$\cos\theta = L/S$；
- θ 的正切是对边与邻边的比值：$\tan\theta = H/L$。

例如：当 $L=1000\text{mm}$，$\theta=15°$ 时，请问 H、S 分别是多少？

$$H = L\tan\theta = 1000\text{mm} \times 0.268 = 268\text{mm}$$

$$S = L/\cos\theta = 1000\text{mm}/0.966 = 1035.2\text{mm}$$

斜面倾角 θ 对应的正弦、余弦、正切的数值速算表，见表 3-2。

表 3-2 斜面倾角 θ 数值速算表

斜面倾角 θ	$\sin\theta$	$\cos\theta$	$\tan\theta$
1.66°	0.0289	0.999	0.0289
3°	0.0523	0.998	0.0523
5°	0.087	0.996	0.087
8°	0.139	0.990	0.14
10°	0.173	0.984	0.176
15°	0.26	0.966	0.268
20°	0.34	0.94	0.364

第3章 低成本自动化八大机构原理与应用

（续）

斜面倾角 θ	$\sin\theta$	$\cos\theta$	$\tan\theta$
25°	0.42	0.906	0.466
30°	0.50	0.866	0.577
40°	0.643	0.766	0.839
45°	0.707	0.707	1

根据表3-2中的数值，可以快速计算出斜面长度、高度以及选择材料的摩擦系数。例如，物料架的深度 $L=1000\text{mm}$，斜面的倾角由于场景的问题只需要5°，请问斜面的长度应该是多少？选择材料的摩擦系数在什么范围内才可以使用？

4. 斜面的材料选择及应用注意事项

（1）斜面的材料

斜面广泛地被制造业现场所应用，用于制作斜面的材料丰富多样。这里，仅介绍几种在制造工厂中常用的斜面材料（图3-51）。

图3-51 斜面的材料

a）精益管材/线棒 b）流利条 c）福来轮 d）滚筒
e）中空板 f）木板 g）亚克力板 h）不锈钢板

（2）斜面选择及应用注意事项

选择斜面材料时要考虑应用的场景，注意安全耐用性、滑动性（摩擦系数）、经济性和噪声等。

1）安全耐用性。例如：比较轻的精密度要求高的电子产品不能产生剧烈的振动，应采用木板、中空板、不锈钢板、亚克力板、传送带等斜面，不能选择流利条、滚筒等斜面，以免在补料过程中产生振动过大从而带来品质安全隐患等；比较重型的可以碰撞刮划的部品或部品箱建议用金属福来轮或滚筒作为斜面，耐用性强；环境恶劣、腐蚀性强的地方采用不锈钢等耐腐蚀性的材料作为斜面。

2）滑动性。根据场地的位置大小，选择适合的滑动性材料（滑动性与摩擦系数、斜面的角度大小、接触面积等有关）。

基本上满足以下几个定式：

① 角度越大，滑动速度越快，反之越慢，在无摩擦力的情况下，斜面倾角为 $1.66°$ 时物体就可以滑动。

② 接触面积越小，滑动速度越快，反之越慢。

③ 摩擦系数越小，滑动速度越快，反之越慢，如滚筒、流利条、福来轮等材料的摩擦系数相对来说较小，有助于滑动。

3）经济性。在保证正常应用的条件下，以低投入为材料选择原则。由于制作斜面可以利用的材料太多，在选择材料时，可以选择适用、低廉的材料、灵活变化、环保再利用、安装方便及易维护的材料，可以满足实际需求为目的。

4）噪声。斜面滑动时产生的噪声，对现场工作者来讲是个比较苦恼的问题，影响环境和身体健康。因此，在选择材料时尽量考虑噪声比较低的材料，尤其是对现场噪声有要求的车间更应该注意。噪声的来源有以下三方面：

① 斜面材料本身在滑动时摩擦或其他产生的噪声。

② 两端对接时高度差或是角度差带来的噪声。

③ 冲击力导致的碰撞噪声。

如何降低冲击力，可通过控制物体下滑的速度来实现，速度越小冲击力就越小。下面针对材料本身及对接高度、角度差异带来的噪声进行说明：

第一，材料带来的噪声。采用平面形式的斜面噪声相对来说比较小，如中空板、亚克力板、不锈钢板等。采用滚轮结构的斜面噪声根据材质的不同而不同。例如：福来轮、滚筒安装有轴承，因此滑动性比较好、摩擦系数小，噪声就小；而流利条没有轴承，因此噪声比较大，但从成本和安装便利的角度考虑，流利条的斜面机构就有优势。如果想完全杜绝噪声，则可以采用传送带制作的斜面来进行传送。

第3章 低成本自动化八大机构原理与应用

第二，角度、高度差异带来的噪声。由于角度的不统一、高度有差异，物体在滑动时会因为颠簸而产生噪声（图3-52）。所以，在设计制作时，应根据实际应用场景的需要，尽量减少角度差和高度差。

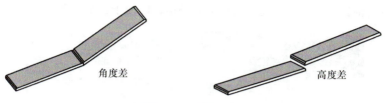

图3-52 噪声机构

5. 常见的斜面机构

日常生活中所见的螺钉、先进先出货架、滑梯等都是斜面机构（图3-53）。

图3-53 常见的斜面机构

6. 斜面机构在LCIA中的应用

（1）斜面导向机构

斜面具有导向的功能，如当物体放在斜面上时，就会自然下滑。因此，可以通过斜面使物体向斜面导向的位置运动，如图3-54所示。

（2）斜面搬送机构

常见的流水线工装回流都采用倍数链或传送带线，这样既增加了

图3-54 斜面导向机构

投入成本，又存在链条卡死/卡断的风险，维护也比较困难；短距离跨工位部品搬送需要借助工装，以防止部品之间碰撞刮划等，其可以采用福来轮或流利条斜面搬送机构（图 3-55），工装依靠自身重力进行滑动。若距离很长，则可以在途中增加助力马达，以便于长距离搬送。

图 3-55　福来轮或流利条斜面搬送机构

（3）斜面定位机构

治具定位时采用斜面定位机构，如图 3-56 所示，两个斜面相互咬合，一步到位，从而实现高效作业，也可以应用于快速换模定位场景。

图 3-56　斜面定位机构

（4）斜面控制机构

当自动引导小车（Automated Guided Vehicle，AGV）路过斜面机构时，物料架周转车控制机构与斜面控制机构（图 3-57a）接触后，通过斜面将控制机构顶起，此时物料架周转车与 AGV 脱离，AGV 就继续前行。

第3章 低成本自动化八大机构原理与应用

1）AGV前行，通过顶柱拉着周转物料架一起移动（图3-57b）。
2）AGV经过斜面，顶柱与周转物料架脱开（图3-57c）。
3）AGV通过斜面，实现周转物料架与AGV脱开（图3-57d）。

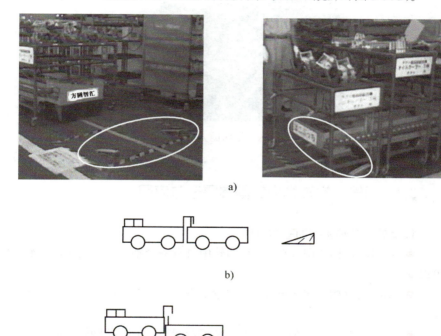

图3-57 斜面控制机构

（5）斜面助力机构

当AGV前行时，连杆托盘在斜面助力机构（图3-58）下自动提升，使托盘与AGV脱离。

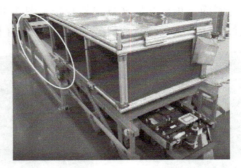

图 3-58　斜面助力机构

3.4　滑轮、轮轴机构的基本原理与应用

1. 滑轮、轮轴机构的基本原理

- 定滑轮机构（图 3-59）：在圆轮中央有一个轴，轴固定不动，轮可以动。
- 动滑轮机构（图 3-60）：在圆轮中央的轴没有被固定，可以自由移动。
- 轮轴机构（图 3-61）：将轮与轴组合起来，能绕共同轴线旋转的简单机械。

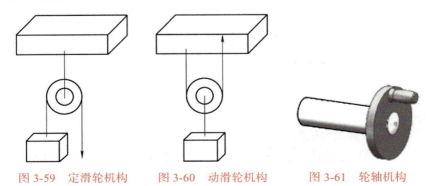

图 3-59　定滑轮机构　　　图 3-60　动滑轮机构　　　图 3-61　轮轴机构

第3章 低成本自动化八大机构原理与应用

2. 滑轮、轮轴机构的特性

滑轮是用来提升重物并能省力的简单机构。定滑轮机构：改变方向，对力和距离都没有影响，不能省力。动滑轮机构：省力，浪费距离，与定滑轮比，只需要一半的行程就可以创造出2倍的拉伸力量。轮轴机构：灵活运用，可以省力或是省距离。以上都是采用杠杆原理。

3. 滑轮、轮轴机构的力分析

（1）力的计算（图3-62）

如果不考虑滑轮自身重量及相应损失，则作用在动滑轮上的绳索有多少根（$N=n$），拉力就为物体重力的几分之一（$1/n$），移动距离就为物体移动距离的几倍（n）。

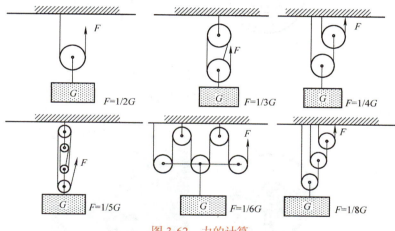

图3-62 力的计算

（2）滑轮施力分析

定滑轮的施力不受角度的影响，而动滑轮的施力受角度的影响，施力的角度不同，施加力的大小也不同，具体施力分析如图3-63所示。

4. 常见的滑轮机构

仔细观察周边的事物，可以发现很多利用滑轮、轮轴做成的机械。日常生活中常见的滑轮机构有：起重机、辘轳、阀门、滑轨、汽车的方向盘和自来水龙头把柄等，如图3-64所示。

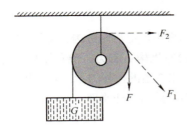 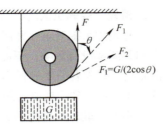

定滑轮：$F=F_1=F_2=G$ 动滑轮：$F_2>F_1>F$ $F=1/2G$

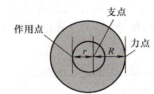 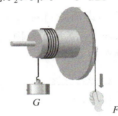

轮轴：$\dfrac{F}{G}=\dfrac{r}{R}$

图 3-63　滑轮施力分析

图 3-64　滑轮机构

5. 滑轮机构在 LCIA 中的应用

（1）助力搬运滑轮机构

在搬运比较重的物品时，为了减轻工人的劳动强度，可以通过一个助力搬运滑轮机构（图 3-65），再结合人力，用很小的力就可以将重物提升起来。

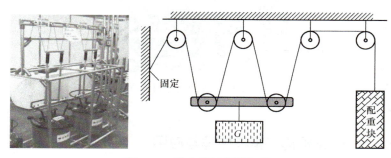

图 3-65　助力搬运滑轮机构

（2）XY 轴运动滑轮机构

当工位上方较重的工具需要进行 XY 轴多维度移动，或者搬运一些重物时，可以采用 XY 轴运动滑轮机构（图 3-66），以减轻工人的劳动强度，实现高效作业。

图 3-66　XY 轴运动滑轮机构

（3）控制滑轮机构

由于定滑轮可以改变方向，在远距离地控制排出机构时，可以采用控制滑轮机构（图 3-67），以提高作业效率，实现手脚并用。

图 3-67　控制滑轮机构

3.5　凸轮机构的基本原理与应用

1. 凸轮机构的基本原理

凸轮在输出动力转动时，相邻的构件会沿着其轮廓做相应的运动，这就是凸轮机构（图 3-68）。凸轮机构一般是由凸轮、从动件和机架三个构件组成的高副机构。凸轮通常做连续的等速转动，一般根据使用要求设计从动件，并使它获得一定规律的运动。根据凸轮的轮廓，可以将凸轮的旋转运动转换为从动件的上下往复直线运动或水平往复直线运动等。凸轮机构能实现复杂的运动要求，在 LCIA 机构中被广泛应用。

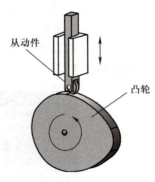

图 3-68　凸轮机构

2. 凸轮机构的类型

根据凸轮的轮廓大致可以分为平面凸轮机构和立体凸轮机构，如图 3-69 所示。凸轮的运动方式有：旋转、移动；从动件的运动方式有：移动、摆动。

第3章 低成本自动化八大机构原理与应用

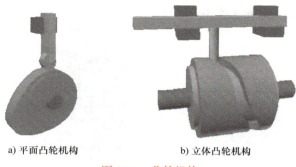

a) 平面凸轮机构　　　　b) 立体凸轮机构

图 3-69　凸轮机构

（1）平面凸轮机构

根据其设计形式，平面凸轮分为平板凸轮、槽形凸轮和直动凸轮等。

1）平板凸轮（图 3-70）。圆板形或是心形等特殊形状的凸轮在转动时，从动件都沿着其外廓形状进行运动。

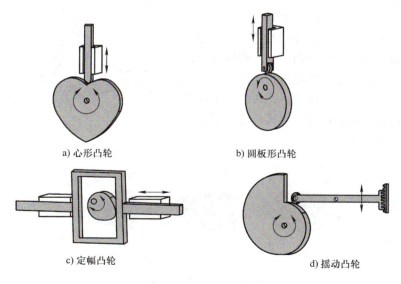

a) 心形凸轮　　　　　　b) 圆板形凸轮

c) 定幅凸轮　　　　　　d) 摇动凸轮

图 3-70　平板凸轮

2）槽形凸轮。从动件沿着回转板表面的凹槽进行运动，这样的平面凸轮称为槽形凸轮（图 3-71）。

图 3-71　槽形凸轮

3）直动凸轮。凸轮轮廓底部为一个平面，上方类似山形的凸起。当凸轮往复运动时，从动件沿着凸起轨迹上下往复运动，这样的平面凸轮称为直动凸轮（图 3-72）。

（2）立体凸轮机构

在圆筒、球面或圆盘上挖出凹槽，将从动件镶嵌在凹槽内，当凸轮转动时，从动件沿着凹槽的形状进行运动，这样的机构称为立体凸轮机构。比较有代表性的立体凸轮有圆筒凸轮、斜板凸轮、端面凸轮等，如图 3-73 所示。

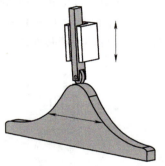

图 3-72　直动凸轮

图 3-73　立体凸轮机构

第3章 低成本自动化八大机构原理与应用

3. 凸轮机构的运动变化形式

1）由旋转运动转变为上下往复直线运动，如图 3-74 所示。

图 3-74 做上下往复直线运动的凸轮机构

2）由旋转运动转变为往复直线运动，如图 3-75 所示。

3）由移动运动转变为移动运动，如图 3-76 所示。

 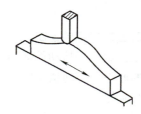

图 3-75 做往复直线运动的凸轮机构　　图 3-76 做移动运动的凸轮机构

4. 凸轮机构的特点

（1）凸轮机构的优点

只需设计适当的凸轮轮廓，便可使从动件得到任意的预期运动，而且结构简单、紧凑，设计方便。

（2）凸轮机构的缺点

1）凸轮与从动件间为点或线接触，易磨损，只适用于传力不大的场合。

2）凸轮轮廓精度要求较高，需用数控机床进行加工。

3）从动件的行程不能过大，否则会使凸轮变得笨重。

5. 凸轮机构设计注意事项

利用软件设计简单凸轮机构时，应注意事项有以下两个方面：

1）偏心距 e。偏心距越大，从动件运转越不顺，如图 3-77 所示。

2）压力角。压力角越大，从动件运转越不顺，如图3-78所示。

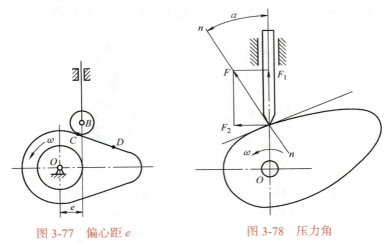

图 3-77　偏心距 e　　　　图 3-78　压力角

6. 凸轮轮廓的绘制

根据给定的从动件运动规律设计凸轮轮廓。下面主要介绍凸轮轮廓设计的原理、直动从动件盘形凸轮轮廓的绘制和摆动从动件盘形凸轮轮廓的绘制等。

（1）凸轮轮廓设计的原理（图3-79）

包括相对运动原理（解析法、作图法）；反转法（给整个机构加 $-\omega$ 运动，即凸轮不动，机架反转，推杆做复合运动）。

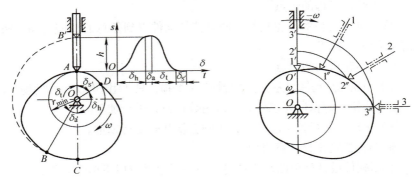

图 3-79　凸轮轮廓设计的原理

（2）直动从动件盘形凸轮轮廓的绘制

1）尖顶对心直动从动件盘形凸轮轮廓的绘制。已知：r_{min}、h、ω，从动杆运动规律见表3-3。

表3-3　从动杆运动规律

凸轮转角	从动杆运动
0°~180°	等速上升 h
180°~210°	上停行程
210°~300°	等速下降 h
300°~360°	下停行程

图解步骤（图3-80）如下：

① 作位移曲线。

② 等分 s–δ 图。

③ 作基圆（注意比例一致）。

④ 按 $-\omega$ 方向等分基圆。

⑤ 量取相应位移。

⑥ 作轮廓线。

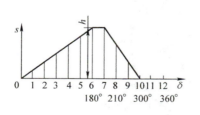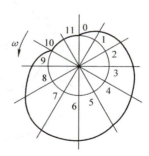

图3-80　图解步骤

2）滚子（对心直动）从动件盘形凸轮轮廓的绘制。根据尖顶对心直动从动件作凸轮轮廓线 β_0（理论轮廓），以 β_0 各点为圆心、滚子半径为半径作圆，再作这些圆的包络线 β（实际轮廓），如图3-81所示。

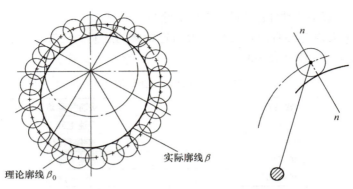

图 3-81 滚子（对心直动）从动件盘形凸轮轮廓的绘制

3）平底（对心直动）从动件盘形凸轮轮廓的绘制。根据尖顶对心直动从动件作理论轮廓线的一系列点 A_0、A_1、A_2……再通过各点作各位置的平底 A_0B_0、A_1B_1、A_2B_2……最后作这些平底的包络线（实际轮廓），如图 3-82 所示。

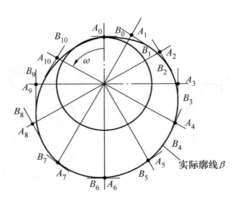

图 3-82 平底（对心直动）从动件盘形凸轮轮廓的绘制

4）摆动从动件盘形凸轮轮廓的绘制。已知：r_{min}、L_{OA}、ω、从动件长 L_{AB}，从动杆运动规律见表 3-3，试作凸轮的轮廓线。

图解步骤（图 3-83）如下：

① 作位移曲线。

② 等分 s-δ 图。
③ 作基圆。
④ 按 $-\omega$ 方向等分基圆，得从动杆的回转中心。
⑤ 量取相应转角。
⑥ 作轮廓线。

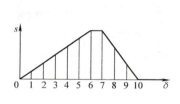
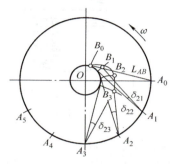

图 3-83　图解步骤

7. 凸轮机构在 LCIA 中的应用

（1）凸轮闭合机构

盘形凸轮匀速转动，通过其曲线轮廓的变化，驱动从动件按内燃机工作循环的要求有规律地开启和闭合，这就是凸轮闭合机构（图 3-84）。

（2）凸轮靠模机构

工件回转，凸轮作为靠模被固定在床身上，刀架在弹簧的作用下与凸轮轮廓紧密接触。当托板纵向移动时，刀架在靠模（凸轮）曲线轮廓的推动下做横向移动，从而切削出与靠模板曲线一致的工件，这就是凸轮靠模机构（图 3-85）。

图 3-84　凸轮闭合机构

（3）凸轮送料机构

当凸轮绕轴心转动时，从动件在凸轮轮廓的作用下沿水平方向做往复直线运动。从动件的末端与工件接触，从动件往复动作时，就实现了工件自动送料的功能，从而减少人工送料，提高工作效率，这就是凸轮送料机构（图3-86）。

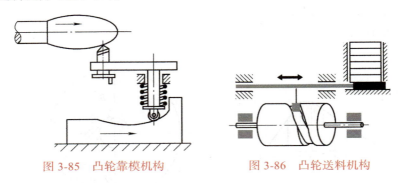

图 3-85　凸轮靠模机构　　　　图 3-86　凸轮送料机构

（4）凸轮分料机构

在实际工作中，冲压工件和设备废渣常常从一个出口出来而叠落在一起，导致工件被压变形或废渣堆积很高，要求工人进行不定期的清理，这样不仅浪费人力，有时还会造成安全隐患，采用凸轮分料机构（图3-87）可使工件或废渣分别到容器的不同角落，不会出现堆积现象。

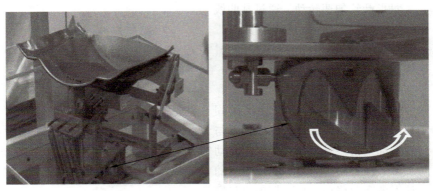

图 3-87　凸轮分料机构

（5）凸轮装配机构

当凸轮绕轴心转动时，从动件在凸轮轮廓的作用下沿水平或上下方向做往复直线运动。从动件的末端与外框接触，从动件往复动作时，就实现了外框构件取料并将物料送入金属孔里，从而减少人工取装料，提高工作效率，这就是凸轮装配机构（图3-88）。

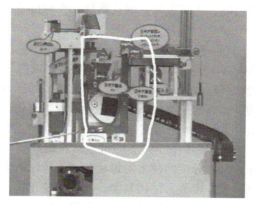

图3-88 凸轮装配机构

3.6 齿轮机构的基本原理与应用

1. 齿轮机构的基本原理

齿轮是指轮缘上有齿连续啮合传递运动和动力的机械元件（图3-89）。两个以上齿轮的组合称为齿轮机构，它是应用最广的传动机构之一，可以将旋转运动变为增速、减速运动，或者将旋转的动力进行增力、减力。另外，该机构还具有改变方向和转矩的功能。

图3-89 齿轮机构

2. 齿轮的类型和轮系的类型

（1）齿轮的类型

齿轮有各种各样的用途，其形状也千差万别。齿轮的类型有：直齿轮、斜齿轮、锥齿轮、人字齿轮、蜗轮蜗杆、齿轮齿条、内齿轮、行星齿轮等。

1）直齿轮。直齿轮有圆盘、圆柱形，与中心轴平行在外圆规则地切出齿形的一种标准齿轮（图3-90）。通常由两个或两个以上齿轮组合使用来传递动力，可以改变速度和动力。在改变传动比方面，齿轮是一个非常适用的构件。直齿轮通过旋转盘的外圆周来驱动，几乎不受摩擦力的影响，且动力不会损失。齿轮旋转的方向与齿轮啮合的个数有关。

2）斜齿轮。斜齿轮（图3-91）的齿呈倾斜的状态，螺旋角是斜齿轮所特有的特征，其指分度圆柱上的螺旋角。斜齿轮的齿槽呈圆盘式分布，啮合性能好，重合度大，结构紧凑。与直齿轮相比，斜齿轮传动更稳定，传动效率更高。因斜齿轮具有传动平稳、冲击、振动和噪声较小等特点，所以在高速重载场合使用广泛。例如，斜齿轮减速机的体积小、重量轻，并且经济性好。

图3-90　直齿轮

图3-91　斜齿轮

3）锥齿轮。两个锥齿轮（图3-92）的轴相交成直角，齿槽呈圆盘式分布。锥齿轮用于在同一平面上改变不同角度动力，若改变相互啮合的两个齿轮的齿数，则会产生增速或减速的效果，也是改变旋转轴方向的一种机构。

4）人字齿轮。为消除斜齿轮上对轴的横向力，可将齿轮做成对称但方向相反的斜齿轮，看上去像个人字，因此称为人字齿轮（图3-93）。人字齿轮具有重合度高、轴向载荷小、承载能力高、工作平稳等优点。

图 3-92　锥齿轮　　　　　　　图 3-93　人字齿轮

5）蜗轮蜗杆。蜗轮蜗杆是一种特殊的齿轮啮合方式，它由圆盘形蜗轮和圆柱形蜗杆组成。蜗轮和蜗杆的轴呈垂直状态但不相交，如图 3-94 所示。利用蜗轮蜗杆，可以得到非常大的减速比，这是一般齿轮所不能达到的。当蜗杆转动一周时，蜗轮只转动 1 个齿的齿距，这一特性决定即使在狭小的空间里，也能获得高减速比。同时蜗轮蜗杆可以作为自动锁付机构，并且可以做 90° 的方向改变，有时会用在变换减速器上。

图 3-94　蜗轮蜗杆

蜗轮与蜗杆工作时会产生很大的摩擦，因此需要润滑油，同时对其材料有比较高的要求。长时间使用发热量大，因此不适合长期高速运转的机构。

一般的 1/50 或 1/100 等的减速蜗轮组，因为摩擦角很大，所以蜗轮无法让蜗杆旋转。

6）齿轮齿条。平板状的直线齿条与直齿轮组合形成齿轮齿条机构（图 3-95）。它可以将齿轮的旋转运动变为齿条的直线运动，也可以将齿条的直线运动转变为齿轮的旋转运动。因其成本低，所以广泛应用于 LCIA 机构之中。

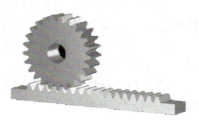

图 3-95　齿轮齿条

齿轮与齿条可以在环形旋转运动与直线运动之间相互转换，同时可以改变运动的方向，通过齿轮与齿条的多组组合，可以实现匀变速运动。与后面的带传动和链传动实现功能相同，但是在某些特定的环境下，使用齿轮齿条更简单，变换更加容易。

7）内齿轮。齿在内圆上的齿轮称为内齿轮，如图3-96所示，通常是内啮合齿轮机构。

8）行星齿轮。行星齿轮（图3-97）由一个太阳轮、若干个行星小齿轮、一个内齿轮和行星架所构成。行星齿轮传递动力时可以进行功率分流，并且输入轴和输出轴处在同一水平线上。行星齿轮传动现已被广泛应用于各种机械传动系统中的减速器、增速器和变速装置，尤其是因其具有高载荷、大传动比的特点而在飞行器和车辆中得到大量应用，如汽车变速器，行星齿轮在发动机的扭矩传递上也发挥了很大的作用。

图3-96 内齿轮

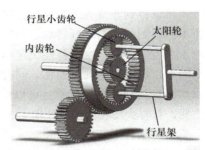

图3-97 行星齿轮

行星齿轮有以下三种形态：

① 行星型：行星齿轮的环齿轮是固定的，转速比=（内齿轮外径/太阳轮外径）+1。

② 太阳型：太阳轮是固定的，转速比=1+（太阳轮外径/内齿轮外径）。

③ 星型：行星支架是固定的，转速比=内齿轮外径/太阳轮外径。

（2）轮系的类型

1）定轴轮系（图3-98）：所有齿轮的轴线都是固定的。

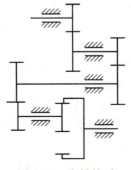

图3-98 定轴轮系

2）周转轮系（图3-99）：至少有一个齿轮的轴线运动（行星、差动）。
3）复合轮系（图3-100）：由两个以上轮系组成。

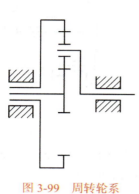

图3-99　周转轮系

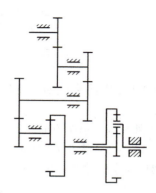

图3-100　复合轮系

3. 齿轮机构的优缺点和特性

1）优点：传动比恒定，传动功率范围大，效率高，结构紧凑，工作可靠且寿命长。

2）缺点：制造安装精度高，成本高，不适宜传递远距离的运动。

3）特性：可获得大传动比，连接距离较远的轴，变速、变向。齿轮传动最基本的要求：瞬时传动比恒定、承载能力强。

4. 齿轮机构传动比的计算公式及应用

（1）定轴轮系的传动比

简单齿轮传动比，是指两齿轮转动时角速度的比值，也称转速比。如果两齿轮是简单地组合在一起（图3-101），那么齿轮的传动比等于齿轮2的齿数与齿轮1的齿数比。

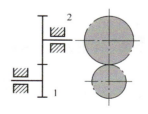

图3-101　齿轮传动比

一对齿轮的传动比 $i_{12}=\omega_1/\omega_2=\pm z_2/z_1$。

【例3-3】如果按照双联齿轮（图3-102）进行组合，则齿轮传动比的计算公式如下：

传动比 $i_{15} = \dfrac{\omega_1}{\omega_5} = \dfrac{\omega_1}{\omega_2}\dfrac{\omega_{2'}}{\omega_3}\dfrac{\omega_{3'}}{\omega_4}\dfrac{\omega_4}{\omega_5}$

$= \left(-\dfrac{z_2}{z_1}\right)\left(-\dfrac{z_3}{z_{2'}}\right)\left(-\dfrac{z_4}{z_{3'}}\right)\dfrac{z_5}{z_{4'}}$

$= -\dfrac{z_2 z_3 z_4 z_5}{z_1 z_{2'} z_{3'} z_{4'}}$

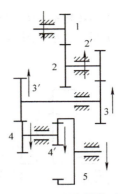

图 3-102 中箭头说明（齿轮旋转的方向）：

1）外啮合：箭头方向相反。
2）内啮合：箭头方向相同。

图 3-102 双联齿轮传动比

【例 3-4】蜗轮蜗杆机构示意图如图 3-103 所示。已知 $z_1=16$，$z_2=32$，$z_{2'}=20$，$z_3=40$，$z_{3'}=2$（右），$z_4=40$，若 $n_1=960$r/min，求蜗轮的转速 n_4 及各轮的转向。

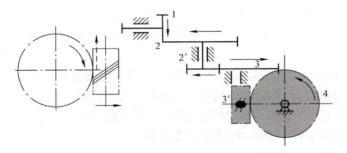

图 3-103 蜗轮蜗杆机构示意图

解：① 传动比：$i = n_3/n_4 = z_4/z_{3'}$

$$i = \dfrac{z_2 z_3 z_4}{z_1 z_{2'} z_{3'}} = \dfrac{32\times 40\times 40}{16\times 20\times 2} = 80$$

② 蜗轮的转速：$n_4 = n_1/i = 960$r/min$/80 = 12$r/min
③ 各轮的转向已经在图 3-103 上做了箭头标记。
（2）周转轮系的传动比
周转轮系由以下四部分组成（图 3-104）：

1)行星轮:轴线位置变动,既做自转又做公转。
2)转臂(行星架、系杆):支持行星轮做自转和公转。
3)太阳轮:轴线位置固定。
4)机架。

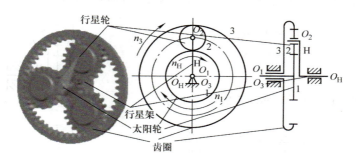

图 3-104 周转轮系(一)

周转轮系的注意事项如下:
1)以太阳轮和转臂作为输入和输出构件,轴线重合(否则不能传动)。
2)基本周转轮系包含一个转臂、若干个行星轮及太阳轮(1~2)。
3)找单一周转轮系的方法。先找行星轮→找其转臂(不一定是简单的杆件)→找与行星轮啮合的太阳轮(其轴线与转臂的重合)。

按自由度分类,周转轮系可分为以下两类:
① 差动轮系(图 3-105):$F=2$,两个太阳轮均转动,作为从动件。
② 行星轮系(图 3-106):$F=1$,只有一个太阳轮转动,作为传动件。

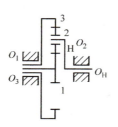

图 3-105 差动轮系(一)

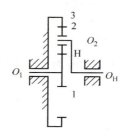

图 3-106 行星轮系(一)

周转轮系的传动比计算公式为

$$i_{1n}^H = \frac{n_1^H}{n_n^H}$$

相对机架的转速为 n_1，n_2，…，相对转臂的转速为 n_1^H，n_2^H，…，即

$$n_1^H = n_1 - n_H$$
$$n_2^H = n_2 - n_H$$
$$n_H^H = 0$$

图 3-107 所示周转轮系的传动比为

$$i_{13}^H = \frac{n_1^H}{n_3^H} = \pm \frac{z_2 z_3}{z_1 z_2} = -\frac{z_3}{z_1} = \frac{n_1 - n_H}{n_3 - n_H}$$

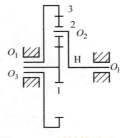

图 3-107　周转轮系（二）

【例 3-5】差动轮系如图 3-108 所示。已知 $z_1 = 15$，$z_2 = 60$，$z_{2'} = 20$，$z_3 = 25$，$n_1 = 200 \text{r/min}$，$n_3 = 50 \text{r/min}$，其转向如图所示，求 n_H。

解：根据传动比公式有

$$i_{13}^H = \frac{n_1^H}{n_3^H} = \frac{n_1 - n_H}{n_3 - n_H}$$

$$= (-1)^1 \frac{z_2 z_3}{z_1 z_{2'}}$$

$$= -\frac{60 \times 25}{15 \times 20}$$

$$= -5$$

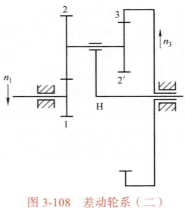

图 3-108　差动轮系（二）

设 n_1 为正，n_3 为负，则得

$$\frac{200 \text{r/min} - n_H}{(-50 \text{r/min}) - n_H} = -5$$

$$n_H = -8.3 \text{r/min}$$

【例 3-6】 行星轮系如图 3-109 所示。已知齿数 $z_1 = 14$，$z_2 = 28$，$z_{2'} = 12$，$z_3 = 54$，求 i_{SH}。

解： 根据传动比公式有

$$i_{13}^H = \frac{n_1^H}{n_3^H} = \frac{n_1 - n_H}{n_3 - n_H}$$

$$= (-1)^1 \frac{z_2 z_3}{z_1 z_{2'}}$$

$$= -\frac{28 \times 54}{14 \times 12}$$

$$= -9$$

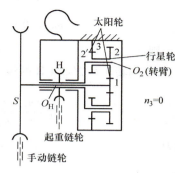

图 3-109　行星轮系（二）

因为
$$\frac{n_1 - n_H}{0 - n_H} = \frac{-n_1}{n_H} + 1 = -9$$

所以
$$i_{SH} = i_{1H} = n_1/n_H = 10$$

（3）复合轮系的传动比

复合轮系由几个基本周转轮系或定轴轮系加周转轮系组成，应将各轮系分开计算，再联立方程求解。

【例 3-7】 复合轮系如图 3-110 所示，各轮齿数如图所示，求 i_{1H}。

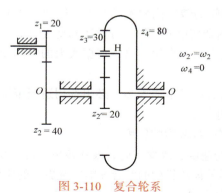

图 3-110　复合轮系

解： 1）定轴轮系 1-2 的传动比为

$$i_{12} = n_1/n_2 = -z_2/z_1 = -\frac{40}{20} = -2$$

$$\omega_2 = -0.5\omega_1$$

则 $\quad n_2 = -0.5n_1$

2）周转轮系 2′-3-4-H 的传动比为

$$i_{2'4}^{H} = \frac{n_{2'} - n_H}{n_4 - n_H} = -\frac{z_4}{z_{2'}} = -\frac{80}{20} = -4$$

因为 $\quad n_{2'} = n_2 = -0.5n_1 \quad n_4 = 0$

所以 $\quad \dfrac{-0.5n_1 - n_H}{-n_H} = -4$

$$\frac{n_1}{n_H} = -10$$

复合轮系传动比为

$$i_{1H} = n_1/n_H = -10$$

5. 齿轮机构的设计原则

1）每对齿轮的齿数比，不宜大于 6 或小于 1/6。

2）当首末两轮的转速比太大或太小，传动比超出 1/6~6 的范围时，用单式轮系不能达到变速的目的，可设计成复式轮系。

3）避免选用太大的齿轮，以免占据太大的空间及增加齿轮的制造困难与生产成本。

4）配置齿轮的数目不能太多，必须选用适当范围的齿轮以符合实际，否则影响使用寿命。

6. 齿轮机构在 LCIA 中的应用

齿轮具有改变速度、改变方向、改变转矩、自动锁付等特性，因此在很多 LCIA 中需要齿轮机构的配合才能实现更好的应用。

（1）齿轮省力机构

通过大小齿轮的联动配合，大齿轮作为主动件带动小齿轮旋转，促使整体周转车运动，该机构称为齿轮省力机构（图 3-111）。它主要是搬

第3章 低成本自动化八大机构原理与应用

运重物进行微小距离的调整,以便于更好地对位或者增力。

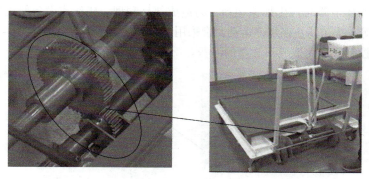

图 3-111　齿轮省力机构

（2）蜗轮蜗杆控制机构

蜗轮蜗杆机构是由交错轴斜齿圆柱齿轮机构演化而来的,用来传递两交错轴之间的运动,具备自动锁付的功能。若是蜗杆作为主动件,则该机构为减速传动机构,如图 3-112 所示;若是蜗轮作为主动件,则该机构为增速传动机构。蜗轮蜗杆机构常用于两轴交错、传动比大、传递功率不太大或间歇工作的场合。该机构也常用于卷扬机等起重机械中,起安全保护作用,蜗轮蜗杆自动锁付机构如图 3-113 所示。

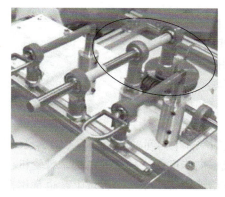
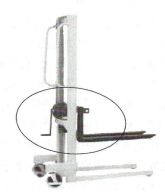

图 3-112　蜗轮蜗杆减速传动机构　　图 3-113　蜗轮蜗杆自动锁付机构

（3）齿轮齿条匀速运动机构

物体下降时产生加速运动，易造成部品刮划、碰伤或设备使用寿命降低等，为了防止该加速运动，常采用齿轮齿条匀速运动机构（图 3-114）进行控制，以免造成不必要的浪费。

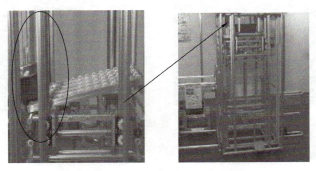

图 3-114　齿轮齿条匀速运动机构

3.7　槽轮、棘轮机构的基本原理与应用

1. 槽轮、棘轮机构的基本原理

（1）槽轮机构的工作原理

槽轮机构是由装有圆柱销的主动拨盘、槽轮和机架组成的单向间歇运动机构（图 3-115），它常被用来将主动件的连续转动转换成从动件的带有停歇的单向周期性转动。

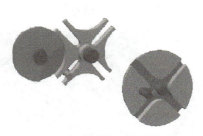

图 3-115　槽轮间歇运动机构

（2）棘轮机构的工作原理

棘轮机构是由棘轮和棘爪组成的一种单向间歇运动机构（图 3-116）。它是将连续转动或往复运动转换成单向步进的一种运动机构。棘轮机构常用在各种机床和自动机中间歇进给或回转工作台的转位上，也常用在千斤顶上。在手动绞车中，棘轮机构常用以防止逆转。棘轮机构工作时常伴有噪声和振动，因此它的工作频率不能过高。

第3章 低成本自动化八大机构原理与应用

图3-116 棘轮间歇运动机构

2. 各种各样的槽轮、棘轮机构

（1）槽轮机构

根据槽轮销的安装位置，可以将槽轮分为内槽轮和外槽轮。

内槽轮（图3-117）：槽轮径向的开口是自圆心向里，主动件与从动槽轮转向相同。

外槽轮（图3-118）：槽轮径向的开口是自圆心向外，主动件与从动槽轮转向相反。外槽轮应用比较广泛。

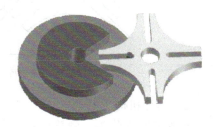

图3-117 内槽轮　　　　　图3-118 外槽轮

通常，槽轮上的各槽是均匀分布的，并且是用于传递平行轴之间的运动，这样的槽轮机构称为普通槽轮机构。在某些机械中也还用到一些特殊形式的槽轮机构，在槽轮转动一周中，可以实现几个运动时间和停歇时间均不相同的运动要求。槽轮与拨盘的旋转比与槽数有关，如图3-119所示。

槽轮机构的组成（图3-120）：机架、拨盘1（有圆销A，作为主动件）、槽轮2（有径向槽，作为从动件）。工作原理：拨盘1等速转动，

当圆销 A 进入槽轮的径向槽中，槽轮转动，当圆销 A 脱出径向槽，槽轮 2 的内锁止弧 β 被拨盘 1 的外凸圆弧 α 卡住，槽轮 2 静止不动。

图 3-119　槽轮机构

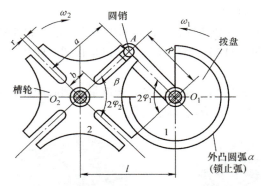

图 3-120　槽轮机构的组成

（2）棘轮机构

按结构形式分类，棘轮机构可分为齿式棘轮机构和摩擦式棘轮机构。

齿式棘轮机构的组成（图 3-121）：棘轮 5、驱动棘爪 4、制动棘爪 6 和机架。棘爪 4 固定于曲柄摇杆机构 $ABCD$ 的摇杆上，摇杆 CD 做左右摆动。当 CD 左摆时，棘爪 4 推动棘轮转（逆向）一个齿；当 CD 右摆时，制动棘爪 6 阻止棘轮反向转动，棘爪 4 在棘轮上滑过，棘轮静止不动。

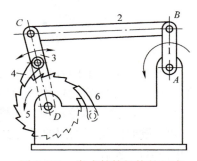

图 3-121　齿式棘轮机构的组成

齿式棘轮机构结构简单，制造方便；动与停的时间比可通过选择合适的驱动机构实现。该机构的缺点是动程只能做有级调节；噪声、冲击和磨损较大，故不宜用于高速。

摩擦式棘轮机构（图3-122）的组成：外套筒、内套筒、滚子和机架等。工作原理：当外套筒沿逆时针方向转动时，滚子楔紧，内套筒随之转动；当外套筒沿顺时针方向转动时，滚子松开，内套筒不动。

摩擦式棘轮机构是用偏心扇形楔块代替齿式棘轮机构中的棘爪，以无齿摩擦代替棘轮。其特点是传动平稳、无噪声；动程可无

图3-122 摩擦式棘轮机构

级调节。但因靠摩擦力传动，超负荷时，会出现打滑现象，虽然可起到安全保护作用，但是传动精度不高。适用于低速轻载的场合。

3. 常见的槽轮、棘轮机构

槽轮机构最具代表性的应用是影片播放机中的卷片机构，如图3-123所示。棘轮机构在日常生活中的应用比较多，如棘轮扳手机构（图3-124），该机构使得拧螺钉的工作更加轻松。

图3-123 卷片机构

图3-124 棘轮扳手机构

4. 槽轮、棘轮机构在 LCIA 中的运用

（1）槽轮间歇运动机构

为了按照节拍进行物料供给，如螺钉供给、化妆品或油装罐等，因此常见槽轮间歇运动机构，如图3-125所示。

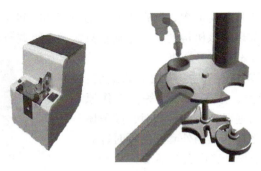

图 3-125　槽轮间歇运动机构

（2）单向间歇运动机构

为防止产生安全隐患等，常采用单向间歇运动机构（图 3-126），如常见的起重机。

图 3-126　单向间歇运动机构

3.8　传送带、链条、绳索机构的基本原理与应用

1. 传送带、链条、绳索机构的基本原理

当主动轴与从动轴之间的距离较远时，不适合使用摩擦轮或齿轮等直接传动方式，可使用柔性连接物来传递动力，为柔性传动。柔性传动一般采用传送带、链条、绳索机构（图 3-127）等来达到传动的目的。

第3章 低成本自动化八大机构原理与应用

图 3-127　传送带、链条、绳索机构

链条与链轮之间组合使用，可以有效地传递动力。但是，传送带和绳索则利用相互接触时产生的摩擦力来传递动力，摩擦力越大其传递的功率越大。时间久了打滑的可能性比较大，特别是绳索，因此一般不在精度要求非常高或很重要的场合中使用绳索来传递动力。常用的主要是传送带机构和链条机构，绳索机构在此不详细介绍。

传送带、链条、绳索机构的组成（图 3-128）：2 个以上轮（含 2 个轮）、传送带/链条/绳索、机架。

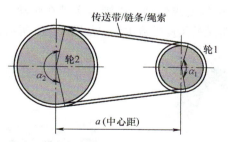

图 3-128　传送带、链条、绳索机构

工作原理：带传动是靠带与带轮接触弧之间的摩擦力来传递运动和动力的，易打滑，传动比不准，机械效率相对低。而链传动无弹性滑动及打滑，传动比准确，机械效率高。两者都是将旋转运动转换为直线运动。

2. 传送带、链条、绳索机构的类型

（1）传送带机构的类型

按照传动的形式分类（图 3-129）：开口传动（两轴平行，同向回

转）；交叉传动（两轴平行，反向回转）；半交叉传动（两轴交错，不能逆转）。

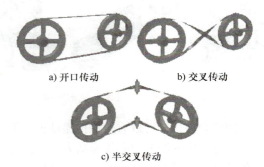

图 3-129　按照传动的形式分类

按照传送带的截面形状分类：平带、V 带、多楔带、圆带、同步带。

1）平带。平带（图 3-130）的截面形状为矩形，底面为工作面，适合于多种传动形式。平带传动主要用于两轴平行、转向相同的较远距离传动。对两轴平衡的要求较高，否则传送带在转动时会出现跑偏的现象。工厂中比较常见的是皮带流水线，如图 3-131 所示。

图 3-130　平带　　　　　　　　图 3-131　传送带流水线

2）V 带。V 带（图 3-132）的截面形状为梯形，工作面为两侧面。因为其工作接触面大，所以在相同张紧力和相同摩擦系数的条件下，V 带产生的摩擦力要比平带的摩擦力大。V 带传动能力强，结构紧凑，多用于开口传动，如电动机传送带。

第 3 章　低成本自动化八大机构原理与应用

图 3-132　V 带

3）多楔带。多楔带（图 3-133）是平带基体上有若干纵向楔形凸起，它兼有平带和 V 带的优点，多用于结构紧凑的大功率传动中。

4）圆带。圆带（图 3-134）的截面形状为圆形。仅用于如缝纫机、仪器、玩具等低速小功率的传动。它的优点是可以防止传送带向两边侧移，固定性好。

图 3-133　多楔带

图 3-134　圆带

5）同步带（图 3-135）。同步带内周有一定形状的齿，其与带轮啮合实现传动。它具有带传动与链传动的特点。

（2）链条机构的类型

链条一般为金属、塑料及特种材料的链环或环形物，多用作机械传动、牵引。按不同的用途和功能分，链条可分为传动链、输送链、曳引链和特种链四种。

1）传动链（图3-136）：主要用于传递动力的链条，如自行车传动机构、升降机、机械设备传递动力机构、高空阀门开关机构等。

图3-135　同步带

图3-136　传动链

2）输送链（图3-137）：主要用于输送料的链条，如倍数链线、部品传送机构、喷涂输送链等。

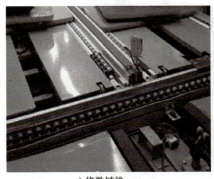

a）倍数链线

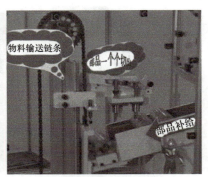

b）无动力链条送料机构

图3-137　输送链

3）曳引链（图3-138）：主要用于拉曳和起重的链条。

4）特种链（图3-139）：主要用于专用机械装置上的、具有特殊功能和结构的链条，如用来传送部品。

图3-138　曳引链

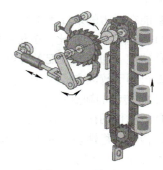
图3-139　特种链

3. 传送带、链条、绳索的特性

（1）带传动的优缺点

1）带传动的优点：

① 缓冲吸振，传动平稳。

② 噪声小，成本低。

③ 过载具有安全保护作用。

④ 适用于中心距较大的传动。

⑤ 结构简单，要求精度低。

⑥ 使用维护方便，有良好的挠性和弹性。

2）带传动的缺点：

① 不能保持准确的传动比，效率低。

② 传递相同圆周力所需的轮廓尺寸和轴上压力均比啮合传动的大。

③ 传送带的寿命短。

④ 需要张紧装置。

⑤ 不宜用于高温、易燃场合。

（2）链传动的优缺点

1）与带传动相比，链传动的优点：

① 无弹性滑动及打滑，η 较高（η=0.98），平均传动比 i 准确。

② 张紧力小，压轴力 F_Q 小。

③ 结构紧凑。

④ 能在恶劣的条件下工作。

2）与齿轮传动相比，链传动的优点：

① 精度（加工、装配）要求低。

② 可用于较大中心距 a（a_{max}=8m）的传动。

3）链传动的缺点：

① 瞬时传动比、链速不恒定，传动不均匀。

② 传动平稳性差，冲击、振动大，噪声高，不宜用于高速传动。

链传动的应用范围：$i \leqslant 8$，$a < 5\sim6m$（最大 8m），$P \leqslant 10kW$，$v \leqslant 15m/s$。

（3）绳索传动的优缺点

1）绳索传动的优点：

① 缓冲吸振，传动平稳。

② 噪声小，体积小，成本极低。

③ 结构简单，加工方便，维护方便。

2）绳索传动的缺点：

① 长期使用容易起毛，不适合高速运转的机构。

② 传动精度低，只适用于传递较小的力和力矩。

4. 传送带、链条、绳索的分析及传动比

（1）带传动分析及传动比

1）带传动中的力分析（图 3-140）：

初始状态：带两边拉力相等，都为 F_0。

工作状态：带两边拉力（F_1、F_2）不相等。

紧松边的判断：绕出从动轮的一边为紧边，绕出主动轮的一边为松边。

紧松边力的大小：$F_1-F_0=F_0-F_2$，即 $F_1+F_2=2F_0$。

摩擦力与摩擦力的方向：摩擦力是带的底面与带轮接触面的摩擦产

生的传递运动的力,摩擦力的方向与带轮旋转方向相反。

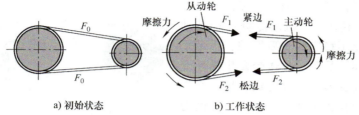

图 3-140 带传动中的力分析

2)带传动的张紧装置。

① 带传动使用一段时间后,要增加带轮轴心之间的距离或采用张紧装置,如图 3-141 所示。

图 3-141 张紧装置(一)

② 使传送带张紧(增大或减小包角),如图 3-142 所示。

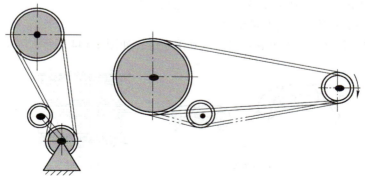

图 3-142 张紧装置(二)

3)带传动的传动比。带传动(图3-143)在工作时存在有带与带轮间的弹性滑动,因此实际传动比大于理论传动比(减速传动)。带传动传动比不稳定的主要原因:①带是弹性体,受载后传送带发生弹性变形,其变形量与外力成正比;②带轮两边拉力不相等。设带轮速度为 v,带轮半径为 d,滑动率为 ε。

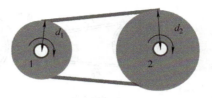

图 3-143 带传动

设主、从动轮速度分别为 v_1、v_2,直径分别为 d_1、d_2,滑动率为 ε,带传动的传动比与带轮的直径大小有直接关系,计算公式为

$$i = \frac{n_1}{n_2} = \frac{d_2}{d_1(1-\varepsilon)}$$

$$v_1 = \frac{\pi d_1 n_1}{60 \times 1000}$$

$$v_2 = \frac{\pi d_2 n_2}{60 \times 1000}$$

$$\varepsilon = \frac{v_1 - v_2}{v_1}$$

当滑动率 ε 为 0.01~0.02 时,可近似取 $i = \frac{n_1}{n_2} \approx \frac{d_2}{d_1}$。

(2)链传动分析及传动比

1)传动链的种类有:齿形链和滚子链,如图3-144所示。

a) 齿形链　　　　　　　　b) 滚子链

图 3-144 传动链的种类

2）链传动的运动分析。链传动的平均传动比恒定，瞬时传动比不恒定，传动比 i 不宜过大，一般 $i \leq 6$，推荐 $i \leq 2{\sim}3.5$。

链条速度及传动比计算公式：

平均速度：$\bar{v} = \dfrac{z_1 p n_1}{60 \times 1000} = \dfrac{z_2 p n_2}{60 \times 1000}$

平均传动比：$\bar{i} = \dfrac{n_1}{n_2} = \dfrac{z_2}{z_1} \neq \dfrac{d_2}{d_1}$

链条线速度：$v = \dfrac{d_1 \omega_1 \cos\theta}{2}$

垂直分速度：$v_y = d_1 \omega_1 \sin\theta / 2$

随着相位角 θ 的变化（$-180°/z_1 \to 0° \to +180°/z_1$），链速 v 也随之发生变化。

链条最大速度：$v_{max} = d_1 \omega_1 / 2$

链条最小速度：$v_{min} = d_1 \omega_1 \cos(180°/z_1)/2$

3）链轮分析。

链轮齿数：不宜过少，太少时不平稳（不均匀、动载荷过大），因此最少为 9 个；不宜过多，太多时传动尺寸过大，易脱链、跳链，因此最多为 120 个。

链节距 p：链节距 p 与承载力有关，p 越大，承载力越大，但是力不均匀，动载荷过大。因此，在满足承载力的前提下，尽量选小 p 值。

两链轮中心距 a 和链条长度 L：若中心距 a 越小，则包角越小，轮齿载荷越大，链长 L 越小，单位时间绕转次数越大，就易失效；若中心距 a 越大，则垂度越大，越不平稳，因此建议 $a = (30{\sim}50)p$。链长通常以链节数 L_P 来表示，L_P 宜选整数、偶数。

5. 常见的传送带、链条、绳索机构

日常工作中有很多传送带、链条、绳索机构，如生产线上常用的流水传送带线或倍数链线、发动机传送带或链条、自行车链条、起重机链条或绳索、摄影机钢丝绳控制机构等，如图 3-145 所示。

图3-145　传送带、链条、绳索机构

6. 传送带、链条、绳索机构在 LCIA 中的运用

（1）跨工位传递机构

为了减轻工人的劳动强度和降低人工成本，提高工作效率等，为实现工序与工序之间、预加工与主装配线之间部品的传递，可采用传送带跨工位传递机构（图3-146）或链条跨工位传递机构（图3-147）。

a）有动力传送带机构　　　　　　　b）无动力传送带机构

图3-146　传送带跨工位传递机构

（2）链条传动机构

为了省力、省人工搬运或自动补料，可采用链条传动机构（图3-148），这样不但减轻了工人的劳动强度，而且提高了工作效率，减少了安全隐患。

（3）无动力链条机构

链条在常人的思维里都要有动力才能使用，其实无动力链条机构（图3-149）同样可以帮助人们解决一些问题，其创造的效益不可忽视。例如，链条与配重块结合可以使物体回到初始状态等。

第3章 低成本自动化八大机构原理与应用

a) 有动力链条传送机构　　b) 无动力链条传送机构

图 3-147　链条跨工位传递机构

图 3-148　链条传动机构

图 3-149　无动力链条机构

（4）绳索传送机构（图3-150）

一些廉价的绳索也可以辅助动力制作部品搬运机构等，其占用空间小，成本低。

图 3-150　绳索传送机构

第4章 低成本自动化八大动力源与应用

优先无动力，上下皆欢喜
重力最便宜，省钱有效益
三大驱动器，简便也给力

本章主要内容：
- ➤ 重力的基础知识与应用
- ➤ 人力的基础知识与应用
- ➤ 磁力的基础知识与应用
- ➤ 弹力的基础知识与应用
- ➤ 发条的基础知识与应用
- ➤ 浮力的基础知识与应用
- ➤ 自然力的基础知识与应用
- ➤ 其他力（电、气）的基础知识与应用

4.1 重力的基础知识与应用

1. 重力的原理

（1）重力的基础知识

重力是指地球上的物体由向下的万有引力和惯性力共同的作用力。重力的生成需要两个并列条件：一个是物体受万有引力，另一个是物体加速运动。重力的方向总是竖直向下（图4-1）。不仅有垂直的方向，还有在斜面、旋转轴时，由于重力的本身能把物体移动到各个方向。物体各部分受到的重力作用都集中于一点，这个点就是重力的等效作用点，称为物体的重心。重力是八大动力源中最便利的动力源，在某些场景不花钱仅用物体本身就能产生动力源，如惯性冲击力还可以他用。重力也是力学中最重要无动力及非常环保的能源之一。

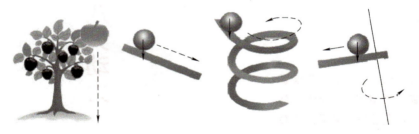

图4-1 重力

利用物体自身重量或是配重，与第3章中的八大基本机构巧妙地配合使用才能发挥其功效，如在斜面、滚筒、传送带、滑轮等机构上传送物体等。通过重力可实现移动、旋转等运动动作，同时还可以产生新的力，如摩擦力（局部）、惯性力（整体）等，从而实现其他的动作。如图4-2所示，由于物体下滑产生的惯性力使下层工装发生伸缩，还可以减少物体下滑时带来的冲击。

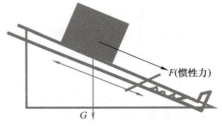

图4-2 惯性力

第4章 低成本自动化八大动力源与应用

（2）重力的大小与作用点

物体所受重力的大小与物体的质量 m 成正比，同样，当 m 一定时，物体所受重力的大小与重力加速度 g 成正比，关系式为 $G=mg$，其中 m 为质量，单位为 kg；g 为比例系数（即重力加速度），约为 9.8N/kg。另外，重力随着纬度大小的改变而改变。如图 4-3 所示，20kg 的重物 G_1 在 30° 的斜面上移动，若是不考虑斜面和定滑轮的摩擦力，请问需要多大的重物 G_2 才能移动斜面上的物体？

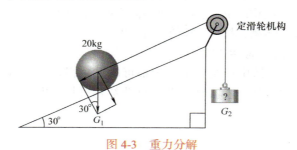

图 4-3 重力分解

重力的分解得出：$m_2=m_1\sin\theta=20\text{kg}\times\sin30°=10\text{kg}$

重力的大小可以用测力计测量，静止或匀速直线运动的物体对测力计的拉力或压力的大小等于重力的大小。当重物在斜面上运动时，速度的大小与斜面的斜度有关，斜度越大，速度就越快，产生的惯性冲击力就越大，反之越小。因此，后续设计先进先出或斜面机构时就要考虑到这些因素。

重力的作用点即物体重心的位置。物体重心的位置与物体的几何形状及质量分布有关。形状规则、质量分布均匀的物体，其重心在它的几何中心，如粗细均匀的棒体的重心在它的中点，圆球的重心在球心，方体的重心在两条对角线的交点。若用其他物体支持重心，物体就能保持平衡。

若物体的质量分布不均匀，则重心位置也有所不同。例如，载重汽车的重心位置随装货多少和装载位置而变化，若是装载不合理，在汽车行驶的过程中就易发生侧翻或对汽车轮胎等产生不良影响等。起重机的重心位置随提升物体的重量和高度而变化，重心位置不合适，就容易翻倒。若高速旋转的轮子的重心不在转轴上，就会引起激烈的振动，导致不稳定。

2. 重力的特点

1）自重：利用物体自身的重量。
- 优点：物体本身就是动力源，不用花钱。
- 缺点：重力大小固定不变。

2）配重：用于辅助作业等，保持平衡，在机构中广泛应用。
- 优点：结构简单，制作要求不高，投入成本低。
- 缺点：定制，精度比较低，占位置。

3. 常见的重力应用机构

无论是在生活中还是在工作中都可以见到很多的重力应用机构，如先进先出物料架、沙漏计时器、自动补料机构、电梯、起重机等，如图4-4所示。

图4-4　重力应用机构

4. 重力应用注意事项与设计技巧

利用物体自身的重量或是配重，现实工作中也会遇到各种各样的问题。总之，在设计和应用之前要综合考虑，以免造成不必要的麻烦或浪费。例如物体在运动过程中冲击力过大，需要阶段性行程控制与其他力的配合使用等。

（1）减小冲击力

部品移动或自重下滑、下降时，由于物体重力会产生比较大的惯性冲击力，易导致部品受损等。下面介绍几种常见的减小冲击力的方法。

1)缓冲器。在部品下滑的末端加装弹簧装置或缓冲器(图4-5),就可以直接减小冲击力。另外若是斜面,将斜面的斜度减小或增加末端接触面的摩擦力,也可以减小冲击力。

2)齿轮齿条。在部品运动的过程中,如无动力升降机,其利用齿轮齿条(图4-6)机构将加速运动变为匀速运动,从而达到降低冲击力的效果。

图 4-5　缓冲器　　　　　　　图 4-6　齿轮齿条

3)阻尼器。阻尼器(图4-7)也是一款降低运动速度的构件。与齿条或齿轮配合使用,它还可以实现两个方向上不同的速度限制,当装有部品的托盘下降时缓慢进行,空托盘时则匀速上升,不影响作业时间。

图 4-7　阻尼器

(2)减速阶段性行程控制

利用重力(图4-8)本身进行传送时,可以借助杠杆、连杆、凸轮、槽轮、棘轮等机构进行行程控制,以免造成部品之间的碰撞或刮划等。

利用配重进行阶段性行程控制时,可以借助滑轮组,同时在配重设计时要模块化,需要三段同等的行程(图4-9)。例如,三个配重的重力设计与部品箱、部品等有关,分段进行配重的行程设计,以满足作业的需要,减少机构负荷。

5.重力应用机构案例

(1)自动分拣机构

根据物体自身的重量,与杠杆机构相结合,实现物体的自动分拣,如图4-10所示。常用于产品分选和包装自动分拣等。

图4-8 重力应用(一)

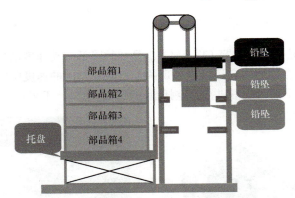

图4-9 重力应用(二)

图4-10 自动分拣机构

(2）先进先出防错机构

先进先出防错机构（图4-11）充分利用物体的特性，实现先进先出和防错，以免造成呆料或过期等。该机构在仓储、供料等领域比较常见，如仓库货架、物料超市和线边物料架、特殊物料装置等需要进行先进先出等管控。

图4-11　先进先出防错机构

（3）物体惯性力机构

由于物体在快速移动的过程中产生了惯性冲击力，通过惯性冲击力可触发机构进行运动，如图4-12所示。

图4-12　物体惯性力机构

（4）配重辅助提升机构

配重块大部分与人力、弹力等配合使用，再与八大基本机构相结合，可制作出配重辅助提升机构（图4-13），从而减轻员工的劳动强度，提高员工的满意度。

图4-13　配重辅助提升机构

（5）配重复位机构

当辅助搬运托盘下降到一定程度后，托盘中的部品滑出，托盘需要恢复到初始状态，这时可以采用配重复位机构，如图4-14所示。

图4-14　配重复位机构

4.2 人力的基础知识与应用

1. 人力的原理

人力是指人的劳力或人的力量,一般分为体力劳动和智力劳动。人力是目前最灵活、其他任何无法代替的力。充分发挥人们的智慧,利用自然之力,创造出人工之物。

在日常工作生活中,人力一般表现的智力劳动为脑力、听力、眼力等,体力劳动为手、脚、身躯等产生的力,如图4-15所示。

脑:研发、决策、判断等

眼:观察、检查、巡视、判断等

耳:听力、判断等

身躯:推、挤等

手:精细动作,如按、推、压、取、放等

脚:蹬、踏、踩等

图4-15 人力

2. 人力与科学

随着人类进化的推移和科技发展的进步,人类创造了万物。科学是万物之源,创新是万物之泉,只有不断地探索和发展,有机地结合技术、工程、数学等才有人类的今天。5000年前无法想象今天会有人工智能、万物互联等。

在工业领域,人发挥了举足轻重的作用,人的生产灵活性不可被替代。根据社会的进步,工业制造的升级等,人可以灵活地根据外部条件来进行判断,并快速选择合适的生产方式。特别是在未来面临大规模定制时代时,在人工智能或柔性制造不够完善的前提条件下,人力更不容忽视。

虽然近些年出现大规模"机械换人"的现象，实施自动化设备，但是还有待于不断完善。如在管理升级、人员技能提升、产品研发模块化与标准化、制造流程的优化、工艺标准化、自动化设备的模块化与标准化、信息同步化、决策智能化等方面，都需要经历一段时间的沉淀和开发与实践。

随着人们物质水平的提高，人们对物质和精神的要求也越来越个性化。无论是人工成本不断攀升，还是选人、留人、育人、用人等都出现了严重不足。制造升级迫在眉睫，但是不能急功近利，需要顶层设计和系统思考，系统分解、模块实施的逐步升级与优化的过程。每一个环节都需要人力科学合理地应用技术、工程、数学等进行研究与实践，让员工工作更轻松，提高幸福感。

在生产制造过程中，在最小投入、保证安全和品质、高效率的前提条件下，考虑如何将人、设备和物料等有效地结合起来，发挥人的作用。以人为本，以现场为中心实现低成本化的自动化升级的过程，升级过程中要考虑产线平衡、快速切换等问题，再结合人机分离等科学技术工程分析，分步骤、分工程、循序渐进地开展，以实施低成本自动化、简易自动化、先进高技术自动化、重点个别自动化等，以免造成过度投资的浪费，从而让人力与科学进行合理的应用，发挥最大的价值。单元式（Cell）生产方式（图4-16）就是人力应用最科学的表现。将人力、设备、物料及精益管理有机结合，实现生产的过程。人主要负责设备起动、部品取放、品质检查和异常处理等工作。

图4-16　单元式（Cell）生产方式

3. 人力与机械的分工

在生产过程中，人力如何发挥最大的价值，如何与机械设备进行有效的分工，可以采取科学的方法进行分析和解决，具体分工如下。

第4章　低成本自动化八大动力源与应用

1）体力劳动——单纯的作业动作，如加工、把持、锁付、焊接、喷涂、搬运、取放、按钮等。解决思路：分成各个作业要素，分步骤地用机械、LCIA 机构取代人工或减轻作业负担，根据主体作业和附带作业优先进行，考虑生产线平衡等问题，避免产生投资的浪费。如焊接作业自动化机构（图 4-17）、辅助搬运 LCIA 机构（图 4-18）。

图 4-17　焊接作业自动化机构　　　图 4-18　辅助搬运 LCIA 机构

2）智力劳动——以消耗脑力为主的劳动，需要判断、决策、检查、注意力集中观察等，如应对异常、进行品质检查、查出异常、部品拿取防错、精准定位、精准测试、数据的采集并运算等。解决思路：尽量用机械设备或 LCIA 机构替换。如部品拿取防错 LCIA 机构（图 4-19）、检测 LCIA 机构（图 4-20）。

图 4-19　部品拿取防错 LCIA 机构　　　图 4-20　检测 LCIA 机构

3）体力和智力劳动——工作中需要体力和脑力的结合，不仅需要决策和判断，还要进行及时处理和应对等，如识别品质不良并现场及时处理、设备维修和保养、根据产品来更换刀具、异常部品切换或设备重新启动、现场问题教育及解决、产品试样小量生产等。解决思路：全部由人来应对，暂时不考虑用机械设备或LCIA机构来取代。如品质不良需要现场处理（图4-21），设备异常需要现场调试（图4-22）。

图4-21　品质不良处理　　　　　　图4-22　设备异常调试

4. 人力的应用

社会的发展、技术的进步、产品的更新、物质精神生活的提高等一系列的社会与物质因素，使人们在享受物质生活的同时，更加注重在方便、舒适、品质、价值、安全和效率等方面的最优化评价，也就是常提到的人性化设计问题。

在电子组装生产制造过程中，最终实现多工位的人机结合的场景，让装配少人化的应用（图4-23）达到最佳。若要达到这种效果，必须通过省力辅助机构、防错机构、定点取放料机构、空箱自动回收及码垛机构等来配合操作员，以发挥人的价值，提高工作效率和提升品质。

图4-23　组装人机结合

为了提高作业效率，减轻员工的劳动强度，减少动作或减小动作幅度，可采用定点取料机构（图 4-24）。

在机械加工过程中，可实现一人多机的作业场景，如通过自动搬运机构、自动供料机构、定点放料机构、防错机构等实现机加少人化的应用（图 4-25）。

图 4-24　定点取料机构

图 4-25　机加少人化的应用

4.3　磁力的基础知识与应用

1. 磁力的基础知识

磁力是磁场对放入其中的磁体/磁铁（图 4-26）和电流的作用力，也是磁体吸引物体或排斥物体所施加的力。磁力是相互作用力的一种，磁体本身并不存在磁力，是两个磁体之间相互作用的结果，可表现为斥力和引力。磁力的大小与磁体本身有着密不可分的关系。

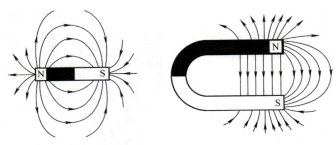

图 4-26 磁体／磁铁

磁力在低成本自动化领域应用时,需要注意以下事项:
1) 磁力需要磁铁的存在。
① 必须有能被磁铁吸附的物体(铁、钴、镍)。
② 连接、固定需要充足的磁力。

在实际作业过程中,为了让员工能准确高效地作业,不必进行思考和判断部品的数量,便于操作员拿取一些比较小的金属部品(如螺钉、铁针),可以制作简单磁力机构来实现快速拿取。制作该机构时,一定要具备满足作业环境的所需要磁力,磁力过大将会一次吸附多个部品,应根据实际应用场景选择磁力大小。

2) 应用磁力时,要考虑磁铁周边的环境。磁铁周围的空间存在着磁场,磁场是一种特殊的物质,其会影响其他磁铁发生作用,因此磁铁的磁力不是在任何地方都能发挥它的功效,具有一定的局限性。

3) 应用磁力时,应注意周边是否有电磁场或电场。电磁场或电场也对磁体有一定的影响力,变化的电场产生磁场,变化的磁场产生电场,变化的电磁场以波动形式在空间传播,也会影响磁体发挥磁力的作用。例如,当电流通过导线时,会在导线的周围产生磁场;又如,当电流通过螺线管时,在螺线管内产生均匀磁场。如果在螺线管的中心置入铁磁性物体,则该铁磁性物体会被磁化,从而具备了磁铁特性。

一般而言,电磁铁所产生的磁场与电流大小、线圈圈数及中心的铁磁体有关。在设计电磁铁时,应注意线圈的分布和铁磁体的选择,并利用电流大小来控制磁场,如图 4-27 所示。

第4章 低成本自动化八大动力源与应用

图 4-27 电磁铁

2. 磁力的特点

磁铁与电磁铁产生磁力的方式有所不同，易受磁场干扰的设备附近不可使用电磁铁。磁力的特点见表 4-1。

表 4-1 磁力的特点

特点	磁体	
	磁铁	电磁铁
优点	从很小的磁力到很大的磁力，都可以灵活运用	磁性的强弱可以改变，磁性的有无可以控制，磁极的方向可以改变，磁性可因电流的消失而消失
缺点	力的调整非常困难，局限性很大	对电有依赖，用电不稳的地方慎用

3. 常见的磁力应用机构

常见的磁力应用机构（图 4-28）有冰箱门、看板磁条、磁力扣、磁锁、磁力积木、磁力电钻、AGV 磁条、磁力搅拌机等。

图 4-28 常见的磁力应用机构

4. 磁力应用机构案例

（1）部品整列供给机构

为了便于操作员更高效地拿取，并且按需拿取部品，根据一些金属部品的属性制作了部品整列供给机构（图4-29），以实现部品按需近手供给。其原理是，采用磁力的方式通过旋转盘（上面带有磁铁）将部品从料斗输送到料槽中，以便于拿取。

图4-29　部品整列供给机构

（2）定点定量供给机构

操作员根据每次需要螺钉的数量定制两个磁铁头，每个磁铁头的磁力正好大于一颗螺钉的重量但小于两颗螺钉的重量。当另外一边的电动螺钉旋具使用完毕后，将其放在支架上，靠其重力下压采用杠杆原理将磁铁头一边翘起，这样每个磁铁头正好每次从料斗中吸一颗螺钉上来，如图4-30所示的定点定量供给机构。

图4-30　定点定量供给机构

（3）自动翻盖机构

利用电磁线圈，用自动翻盖机构（图 4-31）来提供盖子开合的动力。

图 4-31　自动翻盖机构

4.4　弹力的基础知识与应用

1. 弹力的基础知识

弹力就是被施力的物体复位所产生的力。弹簧、橡胶、橡皮筋等弹力物体（图 4-32）在伸缩时，都会产生一定的形变并可回复原状。在日常改善机构中多用于复位作用。

a) 弹簧　　　　　　　　b) 橡胶　　　　　　　　c) 橡皮筋

图 4-32　弹力物体

使用时，根据应用的场合选择不同的弹力物体，在 LCIA 机构中常用到弹簧。弹簧主要分为压缩弹簧、拉伸弹簧、扭力弹簧、板弹簧（LCIA 机构中很少用）、碟形弹簧等。

(1) 压缩弹簧

压缩弹簧(图4-33)是承受向压力的螺旋弹簧,它所用的材料截面多为圆形,也有用矩形的,弹簧一般为等节距的。压缩弹簧的形状有:圆柱形、圆锥形、中凸形和中凹形以及少量的非圆形等,压缩弹簧的圈与圈之间有一定的间隙,当受到外载荷时弹簧收缩变形,储存形变能。压缩弹簧对外载压力提供反抗的力量。

图4-33　压缩弹簧

(2) 拉伸弹簧

拉伸弹簧(图4-34)是承受轴向拉力的螺旋弹簧,拉伸弹簧一般都用圆截面材料制造。在不承受负荷时,拉伸弹簧的圈与圈之间一般都是并紧的没有间隙。常用于需要拉伸后产生弹力的场合,应用非常广泛,如构件复位、工装复位、控制复位、助力提升等。弹簧发生弹性形变时,在一定形变范围内,弹力的大小与弹簧伸长(或缩短)的长度成正比(或弹簧的伸长与所受拉力成正比)。

图4-34　拉伸弹簧

(3) 扭力弹簧

扭力弹簧(图4-35)是一种机械蓄力结构,通过对材质柔软、韧度

第4章 低成本自动化八大动力源与应用

较大的弹性材料的扭曲或旋转进行蓄力，使被施力物体具有一定的机械能。扭力弹簧是广泛使用的一种弹性元件，弹簧在受载时能产生较大的弹性变形，把机械能转化为变形能，而卸载后弹簧的变形消失并回复原状，将变形能转化为机械能。如钟表弹簧、离合器中的控制弹簧、测力器及弹簧秤中的弹簧、缓冲弹簧、联轴器中的吸振弹簧、内燃机中的阀门弹簧等都是扭力弹簧。扭力弹簧的特点：体积小、扭力大，可转换为机械能。

 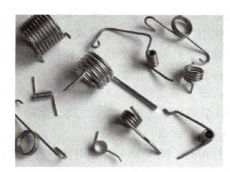

图 4-35　扭力弹簧

（4）板弹簧

板弹簧（图 4-36）是由至少 1 片的弹簧钢叠加组合而成的板状弹簧。板弹簧通常用于轮式车辆悬架，最初称为层压或托架弹簧，有时称为半椭圆弹簧，它是最古老的弹簧形式之一。

图 4-36　板弹簧

板弹簧的优点：结构简单、工作可靠、成本低廉、维护便利。它既是悬架的弹性元件，又是悬架的导向装置。它的一端与车架铰接，可以传递各种力和力矩，并决定车轮的跳动轨迹。同时，它本身也有一定的摩擦减振作用。板弹簧的缺点是只能用于非独立悬架，重量较重，刚度大，舒适性差，纵向尺寸较长，不利于缩短汽车的前悬和后悬，与车架连接处的钢板弹簧销容易磨损等。

（5）碟形弹簧

碟形弹簧（图 4-37）是在轴向上呈锥形并承受负载的特殊弹簧，在承受负载变形后，储蓄一定的势能。当螺栓出现松弛时，碟形弹簧释放部分势能以保持法兰连接间的压力达到密封要求。碟形弹簧的应力分布由里到外均匀递减，能够实现短行程、高补偿力的效果。碟形弹簧呈圆锥形盘状，既可以单个使用，又可以多个串联或并联使用，在上内缘和下外缘处承受沿轴向作用的静态或动态载荷，被压缩后产生形变，直至被压平。

图 4-37　碟形弹簧

碟形弹簧的特点：行程短，所需空间小，负荷重，组合使用方便，维修换装容易，经济、安全性高，使用寿命长等。

（6）片弹簧

片弹簧（图 4-38）是利用弹性金属片的变形而产生弹簧特性的一种最简便的弹簧。弹性金属片有矩形、梯形、三角形等。通常用于载荷和变形较小、要求刚度不大的地方，如开关、插座、仪器、仪表及自动化机构中的敏感元件、弹性支承或定位装置中。

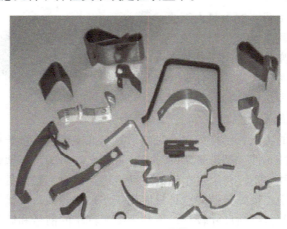

图 4-38　片弹簧

(7)塔形弹簧

塔形弹簧(图4-39)是一种减振弹簧,其主要特点是体积小、载荷大,广泛用于空间小、载荷大的场合和减振装置中,如手电筒、麦克风、电动玩具车等。

图4-39 塔形弹簧

(8)特殊弹簧(即气弹簧)

气弹簧(图4-40)是一种可以起支撑、制动、缓冲、高度调节及角度调节等作用的工业配件。它由压力缸、活塞杆、活塞、密封导向套、填充物(惰性气体或者油气混合物)、缸内控制元件与缸外控制元件(指可控气弹簧)和接头等构成。根据其特点及应用领域的不同,气弹簧又被称为支撑杆、气支撑、调角器、气压棒、阻尼器等。

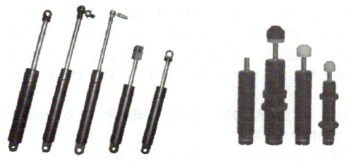

图4-40 气弹簧

根据气弹簧的结构和功能来分类，气弹簧有自由式气弹簧、转椅气弹簧、自锁式气弹簧、牵引式气弹簧、随意停气弹簧、气压棒、阻尼器等几种。气弹簧在汽车、航空、医疗器械、机械制造等领域都有着广泛的应用。

与普通弹簧相比，气弹簧的优点：速度相对缓慢、动态力变化不大（一般在1:1.2以内）、容易控制。气弹簧的缺点是相对体积没有螺旋弹簧小，成本高、寿命相对短。

压缩气弹簧的接头有单片、单耳、双耳和万向球头四种类型。设计时应根据应用场景及气弹簧规格，选择相应的接头类型。

在LCIA机构中，为了获取弹力，除了使用普通弹簧和气弹簧外，还可采用比较方便获取的橡胶、优力胶（图4-41）、皮筋等。例如，部品因自重下降时为减小冲击力可采用优力胶垫块，工具的复位采用皮筋等。优力胶的特点：缓冲、静音、耐高温、耐压防振、耐冲击、耐油、耐酸碱、耐磨性极佳等。

图4-41 优力胶

2. 弹力应用的要点

弹力就是接触力，弹力只能存在于物体的相互接触处，但相互接触的物体之间并不一定有弹力的作用。因为弹力的产生不仅要接触，还要有相互作用使物体发生弹性形变。在弹性限度内，形变越大，弹力也越大；形变消失，弹力就随着消失。在不同的应用场合选择的弹力物体也有所不同，如空间位置有限时，为了节省空间，可选择塔形弹簧。

弹力主要具备复位、缓冲、防振、降低噪声、省力等功能特点。

3. 常见的弹力应用

日常生活中常见的弹力应用有摩托车等减振装置、圆珠笔、控制开关、拉力器、弹弓等，如图4-42所示。

第4章 低成本自动化八大动力源与应用

图 4-42　常见弹力应用

4. 弹力应用机构案例

（1）定点取料/放料机构

定点取料/放料机构（图 4-43）就是让操作员保持在一定的位置进行取料/放料，以便减轻员工的劳动强度，提高工作效率。

图 4-43　定点取料/放料机构

（2）缓冲机构

物体因自重快速下降或物体在斜面下滑时，为了减小末端的冲击力，从而保证品质、降低噪声、延长机构的使用寿命等，可选用缓冲机构，如图 4-44 所示。

（3）弹簧复位机构

弹簧复位机构（图 4-45）可在一个动作完毕后自动回复到原状，可提高操作员的作业效率，并可减轻操作员的劳动强度。

141

图 4-44　缓冲机构

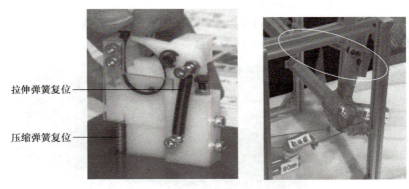

图 4-45　弹簧复位机构

（4）气弹簧复位机构

气弹簧复位机构（图 4-46）就是通过压缩气弹簧进行控制，从而取代配重、平衡器、弹簧等复位机构。

（5）气弹簧省力机构

气弹簧省力机构（图 4-47）就是利用气弹簧制作面盖省力机构，还可以增大空间的利用率，方便操作员高效作业并减轻其劳动强度。

图 4-46　气弹簧复位机构

第 4 章 低成本自动化八大动力源与应用

图 4-47 气弹簧省力机构

"千层"物料架周转车,每层翻上去,便于取放物料

4.5 发条的基础知识与应用

1. 发条的基础知识

发条（图 4-48）是 LCIA 机构无动力驱动器的一种装置，卷紧片状钢条，利用其弹力逐渐松开时产生动力。发条的能量会随着机芯的运行逐渐减弱。当发条被上满时，它的力矩最大（力矩杠杆最长），因此发条前端需要以较小的力量输出。当能量即将耗尽时，发条末端的力矩最小（力矩杠杆最短），此时输出的力量也随之变小。

图 4-48 发条

2. 发条的特性

发条也是一种储存能量的机构，需要的时候它就释放能量，产生机械能或动力。发条其实就是有弹性的金属，高弹性的钢被卷成螺旋状，利用钢片的还原力作为动力的一种工具，也是动力的驱动器之一。发条适合一些不需要产生很大动力的机构，如儿童玩具、无动力小车等。

3. 特殊发条——平衡器

平衡器（图4-49）是一种特殊发条，同样是储存能量的机构，在LCIA机构中应用非常广泛。平衡器是一种吊挂重量较大的生产操作设备的辅助工具。它供生产线上从事持续性、重复性工作的人员使用，用于悬挂、搬运及移开工具。

图4-49 平衡器

4. 常见的发条应用

生活工作中常见的发条应用有玩具、卷尺、平衡器等，如图4-50所示。

图4-50 常见发条应用

5. 发条在 LCIA 机构中的应用案例

（1）助力提升机构

助力提升机构（图 4-51）就是利用平衡器输出的动力辅助搬运物体的提升，该机构将平衡器与其他的构件组合使用。平衡器有不同的规格，可以根据应用场景的不同来选取，非常方便、实用。

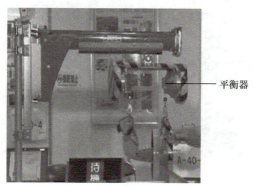

图 4-51　助力提升机构

（2）复位机构

复位机构（图 4-52）就是利用平衡器使构件或机构回复到初始位置的状态。采用平衡器后不仅结构简单，而且减少了安全隐患，同时也不占用空间。

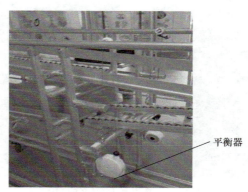

图 4-52　复位机构

（3）助力移动机构

助力移动机构（图4-53）就是当操作员使用完工具后，工具自动移动到初始最佳的拿取位置，在减轻员工劳动强度的同时也提高了工作效率。

图4-53　助力移动机构

（4）无动力小车储能机构

无动力小车储能机构（图4-54）是采用重力、人力、弹力等无动力在驱使小车前行的过程中通过发条或平衡器储存动能，当小车返回时通过释放储存的动能来驱动小车做返回直线运动。

图4-54　无动力小车储能机构

4.6 浮力的基础知识与应用

1. 浮力的基础知识

浸在液体里的物体受到液体竖直向上托的力称为浮力。物体在液体中所受浮力，等于所排开的液体的重量。

当物体上浮时，浮力大于物体的重力；当物体飘浮或悬浮时，浮力等于物体的重力；当物体下沉时，浮力小于物体的重力。

因此，当液体密度大于物体密度时物体上浮，当液体密度等于物体密度时物体漂浮或悬浮，当液体密度小于物体密度时物体下沉，如图 4-55 所示。

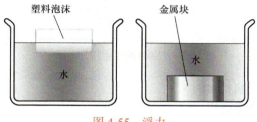

图 4-55　浮力

浮力的特点如下：

1）浮力的方向：与重力方向相反，竖直向上。

2）浮力的大小：浮力 = 物体所排开液体的体积 × 液体密度 × 重力加速度 = 物体所排开的液体重量。

2. 浮力应用的要点

浮力的成本低（水或废油等液体），容易获得，维护方便，因此日常低成本自动化改善中可应用浮力设计缓冲、可视化、控制或搬运等机构。

例如一些设备的本身需要专用油、润滑油等，为了掌握专用油、润滑油等使用的状态，便于更好地进行保养或维护，采用浮力可视化机构，这样员工不用拆开设备，仅通过可视化机构就能了解现在油面位置，从而进行决策。又如低成本自动化机构与配重块结合使用时，由配重块带动物体做上下直线运动,可将配重块放在装有液体的管道中,利用其浮力就可以减少物体上下运动时的冲击力,起到缓冲的作用。

3. 常见的浮力应用机构

日常生活中常见的浮力应用机构(图4-56)有抽水马桶、船、潜艇、风筝、钓鱼浮漂、水位浮标等。

图4-56 常见的浮力应用机构

4. 浮力应用机构案例

(1)浮力升降机构

当传递要求不高(不怕液体污染等)且质量不太大的部品时,可适当采用浮力进行传递,如制作浮力升降机构(图4-57),其成本低,维护方便。

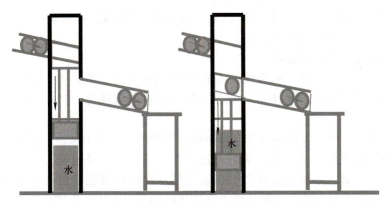

图4-57 浮力升降机构

第4章 低成本自动化八大动力源与应用

（2）浮力可视化机构

当有些设备需要注油、加水或对湖水、河流等水位进行观测时，为保证设备正常的运行或水位的准确监测，可采用浮力来制作浮力可视化机构，如图4-58所示。

图4-58　浮力可视化机构

4.7　自然力的基础知识与应用

1. 自然力的基础知识

自然力是指自然界中客观存在的风力、水力、生物力等。这里主要介绍常见的风力和水力，如很早以前的发电就是靠水力，现代采用风力、太阳能等自然力进行发电，还可用水力驱动水车旋转机构等，如图4-59所示。

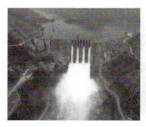  

图4-59　自然力

1896年，丰田佐吉发明了"丰田自动织布机"。它最初是采用水力实现自动运转的，如图4-60所示。利用水力还创造了舂米机、轳辘、灌溉机等。

图4-60　水力

2. 自然力应用的要点

虽然自然力比较廉价，但是在使用过程中需要考虑的因素比较多，如水力是靠水的流动产生的力，故需要一定的环境。外界的风力具有不可持续、大小无法调整和干预等特点，因此需要进行转换。例如空调出口产生的风力、高空换气扇产生的风力，能用来做什么呢？可实现可视化管理，即在出口处安装一个纸质小风车或很轻的飘带，是否正常运转就可以一目了然。

3. 自然力应用机构案例

（1）可视化机构

经常发现下班后空调未关或者不能确定高空设备是否正常运转，可利用风力的原理制作可视化机构（图4-61），如在空调出口处安装一个小风车或飘带。当设备开启时，风车旋转；当空调关闭时，风车停止旋转，通过观察风车的转动即可得知空调的运行状态。

（2）水力自动发声机构

日本鹿威是利用水力自动发出声音的一种机构，其采用的是杠杆原理。最开始是农民作为吓走危害农作物的鸟兽的机构，后来因为其发出

第4章 低成本自动化八大动力源与应用

的声音被风流雅士所悦赏,逐渐在日本庭园中作为装饰机构,如图4-62所示。在连续向竹筒灌水达到一定重力时,水力将竹筒翘起,再回落并敲打在石头上发出清脆的声音。

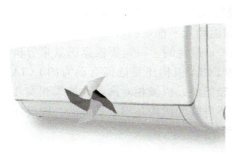
图4-61　可视化机构

图4-62　水力自动发声机构

4. 自然力思维启发应用

在日常生活工作中,通过水车的原理可以启发到定点取物,如当有很多小的物料或产品时,由于空间位置有限,可制作一个水车定点取物旋转机构,如图4-63所示。该机构并不是用水力驱动的,而是借鉴水车的形式。

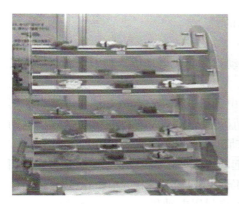
图4-63　定点取物旋转机构

4.8 其他力(电、气)的基础知识与应用

前面阐述了重力、人力、磁力、弹力、发条、浮力和自然力等无动力的基础知识与应用，本节主要是阐述有动力。LCIA 机构常用的动力源有：电动机和电缸（电能转换成机械能）、气动马达和气缸（气能转换成机械能），其输出动力后产生的运动几乎都是旋转运动、直线运动、摆动。并不是无动力的 LCIA 机构才是最优的，一定要根据场景来分析性价比，从而确定是选择无动力的 LCIA 机构还是选择有动力的 LCIA 机构。如某企业现有人才对电气比较熟悉，机械相对薄弱，如果花费几周的时间去研究机械中一个实现上下升降的机构是很不划算的，则可花 400 多元钱购买一气缸来实现该运动。

1. 电气的基础知识

（1）电动机的基础知识

电动机（图 4-64）是把电能转换成机械能的一种设备，也是一种直接的旋转运动机构。它是利用通电线圈（也就是定子绕组）产生旋转磁场并作用于转子形成磁电动力旋转扭矩。

图 4-64 电动机

1）电动机的分类。电动机的分类方法有很多，下面介绍几种：

按使用电源不同分：直流电动机和交流电动机，其中交流电动机又分为单相电动机和三相电动机。

按结构及工作原理分：直流电动机、异步电动机和同步电动机。同步电动机还可分为永磁同步电动机、磁阻同步电动机和磁滞同步电动机。异步电动机还可分为感应电动机和交流换向器电动机。

按起动与运行方式分：电容起动式单相异步电动机、电容运转式单相异步电动机、电容起动运转式单相异步电动机和分相式单相异步电动机。

按用途分：驱动用电动机和控制用电动机。驱动用电动机又分为电动工具（包括钻孔、抛光、扩孔等工具）用电动机、家电（包括洗衣

第4章 低成本自动化八大动力源与应用

机、电风扇、电冰箱、空调器、电吹风、电动剃须刀等)用电动机及其他通用小型机械设备所用电动机。控制用电动机又分为步进电动机和伺服电动机等。

按运转速度分:高速电动机、低速电动机、恒速电动机和调速电动机。

按额定工作制分:连续、断续和短时工作制电动机。

2) 电动机的特点。电动机的使用和控制非常方便,具有自起动、调速、制动、改变旋转方向、掣住等功能,能满足各种运行要求。电动机的工作效率较高,无污染,运行可靠、结构牢固、噪声小。由于它的一系列优点,故在工农业生产设备等领域广泛应用。

(2) 电缸的基础知识

电缸(图 4-65)是将伺服电动机与丝杠一体化设计的直线驱动器,其是将伺服电动机的旋转运动转换成直线运动的机构。将伺服电动机最佳优点:精确转速控制、精确转数控制、精确扭矩控制转变成精确速度控制、精确位置控制、精确推力控制。

图 4-65 电缸

电缸的特点如下:

1) 闭环伺服控制,控制精度可达 0.01mm。

2) 精密控制推力,增加压力传感器,控制精度可达 1%。

3) 容易与 PLC 等控制系统连接,实现高精密运动控制。

4) 噪声低、节能、干净、高刚性、抗冲击力强、超长寿命、操作维护简单且维护成本低(定期注脂润滑)。电缸可以在恶劣环境下无故障,防护等级可以达到 IP66。

5) 电缸是液压缸和气缸的最佳替代品。

(3) 气动马达的基础知识

气动马达（图 4-66）是指将压缩空气的压力能转换为旋转的机械能的机构，也是一种旋转运动机构。一般作为更复杂机构或机器的旋转动力源。

气动马达按结构可分为叶片式气动马达、活塞式气动马达、紧凑叶片式气动马达和紧凑活塞式气动马达。

图 4-66　气动马达

气动马达的特点如下：

1）可以无级调速。只要控制进气阀或排气阀的开度，即控制压缩空气的流量，就能调节马达的输出功率和转速。

2）能够正转也能反转。大多数气动马达只要简单地用操纵阀来改变其进、排气方向，就能实现气动马达输出轴的正转和反转，并且可以瞬时换向。在正反向转换时，冲击很小。

3）工作安全，不受振动、高温、电磁、辐射等影响，适用于恶劣的工作环境，在易燃、易爆、高温、振动、潮湿、粉尘等不利条件下均能正常工作。

4）有过载保护作用，不会因过载而发生故障。过载时，马达只是转速降低或停止，过载解除后，立即可以重新正常运转，并不产生机件损坏等故障。它可以长时间满载连续运转，温升较小。

5）具有较高的起动力矩，可以直接带载荷起动。起动、停止均迅速。

6）功率范围及转速范围较宽。功率小至几百瓦，大至几万瓦，转速每分钟可从零变换到上万转。

7）操作方便、维护检修便利、结构简单、体积小、重量轻、马力大。

8）使用空气作为介质，无供应上的困难，用过的空气不需处理，放到大气中无污染，压缩空气可以集中供应、远距离输送。

(4) 气缸的基础知识

气缸（图 4-67）是气压传动中将压缩气体的压力能转换为机械能的装置，气缸可做往复直线运动和往复摆动。

做往复直线运动的气缸可分为单作用气缸、双作用气缸、膜片式气缸和冲击气缸。

第4章 低成本自动化八大动力源与应用

图 4-67 气缸

1）单作用气缸：仅一端有活塞杆，从活塞一侧供气聚能产生气压，气压推动活塞产生推力伸出，靠弹簧或自重返回。其结构简单，耗气量小，一般用于行程短的场合。

2）双作用气缸：从活塞两侧交替供气，在一个或两个方向输出力。其结构可分为双活塞杆式、单活塞杆式、双活塞式、缓冲式和非缓冲式等。此类气缸使用最为广泛。

3）膜片式气缸：用膜片代替活塞，只在一个方向输出力，用弹簧复位。它的密封性能好，但行程短。

4）冲击气缸：其把压缩空气的能量转化为活塞、活塞杆高速（10~20m/s）运动的能量，利用此动能去做功。

气缸还有其他特殊气缸：无杆气缸、数字气缸、回转气缸、挠性气缸、钢索式气缸等。

气缸的其他分类方法如下：

1）按结构特征分：活塞式气缸和膜片式气缸。

2）按运动形式分：直线运动气缸和摇摆运动气缸。

3）按安装方式分：固定式气缸（脚座式和法兰式固定）、轴销式气缸（U形勾式和耳轴式）、回转式气缸（固定在机床主轴上）、嵌入式气缸（直接制作在夹具体内）。

4）按功能分：带阀气缸和带锁气缸。

5）按外形分：迷你气缸（图4-68）、抱紧气缸（图4-69）、笔形气缸（图4-70）、薄型气缸（图4-71）、手指气缸（图4-72）、三轴气缸（图4-73）。

图 4-68　迷你气缸　　　　　图 4-69　抱紧气缸

图 4-70　笔形气缸　　　　　图 4-71　薄型气缸

图 4-72　手指气缸　　　　　图 4-73　三轴气缸

气缸的特点如下：

1）结构简单，易于安装维护，对于使用者的要求不高。

2）负载大，输出力大，不同气缸应用场景不同。

3）动作迅速、反应快。

4）适应性强。气缸能够在高温和低温环境中正常工作且具有防尘、防水能力，可适应各种恶劣的环境。

第4章 低成本自动化八大动力源与应用

2. 电气的基础应用

由于应用场景不同,对电气的需求也不同,LCIA 机构在选择动力源时需要考虑一些因素来选择相应参数,以免买回来的动力源与实际不匹配。

(1)电动机的选择应用

1)电动机种类的选择。

① 从功能需求上要考虑机械特性、起动性能、调速性能、制动方法、过载能力等。

② 从经济效益上要考虑各类电动机的性能特点、价格高低以及维护成本等。

③ 从节能的原则要考虑电动机的运行效率是否符合国家标准的要求。电动机的种类和特点见表 4-2。

表 4-2 电动机的种类和特点

种类		机械特性	调速性能	可靠性	价格	维护成本
直流电动机	他/并励	硬	好	较低	高	高
	串励	软	好	较低	高	高
	复励	硬	好	较低	高	高
三相异步电动机	笼型	硬	差异大		低	低
	绕线转子	硬	差异大		低	低
	多速		2~4 种速度			
单相异步电动机		机械特性硬、功率小、$\cos\varphi$ 和 η 较低				
三相同步电动机		转速恒定、$\cos\varphi$ 可调,只能采用变频调速				
单相同步电动机		转速恒定、功率小				

当低成本自动化机构对电动机的起动、制动、调速性能等要求不高时,应尽量采用交流电动机。具体情况根据实际的应用场景选择不同类型的电动机,以下条件供选择电动机时参考。

① 对于负载平稳,且无特殊要求的长期工作制机构,应选用笼型电动机。

② 若要求电动机具有较好的起动性能,则应采用双鼠笼或深槽式等高起动转矩的异步电动机。

③ 对于具有有级调速的机构，应采用笼型多速异步电动机。

④ 对于电梯、桥式起重机等机械设备，应采用绕线转子异步电动机。

⑤ 对于功率较大，又不需要调速的生产机械并且长期工作，应采用同步电动机。

当起动、制动、调速等性能采用交流电动机无法满足时，可采用直流电动机或晶闸管—直流电动机系统。除特殊负载需要外，一般不宜选用直流电动机。

2）功率的选择。功率既不能过大，也不能过小。如果电动机功率选得过小，则造成电动机长期过载，使其绝缘因发热而损坏，甚至电动机被烧毁。如果电动机功率选得过大，则其输出机械功率不能得到充分利用，功率因数和效率都不高，不但对企业和电网不利，而且会造成电能浪费。

要正确选择电动机的功率，常用方法有：计算法、统计法和类比法。具体电动机功率的计算如下：

① 对于恒定负载连续工作方式，如果已知负载的功率 P_1（即 LCIA 机构轴上的功率），则可按下式计算所需电动机的功率 $P：P=P_1/\eta_1\eta_2$，式中 η_1 为机构的效率，η_2 为电动机的效率，即传动效率。按该公式求出的功率不一定与产品的功率相同，因此所选电动机的额定功率应等于或稍大于计算所得的功率。

【例 4-1】某机构需要的功率为 3.95kW，机构效率为 70%，如果选用效率为 0.8 的电动机，试求该电动机的功率是多少？

解：$P = \dfrac{P_1}{\eta_1\eta_2} = \dfrac{3.95}{0.7 \times 0.8} \text{kW} \approx 7.05 \text{kW}$

由于没有 7.05kW 这个规格，故选用 7.5kW 的电动机。

② 短时工作定额的电动机。与功率相同的连续工作定额的电动机相比，短时工作定额的电动机具有最大转矩大、重量轻、价格低等特点。因此，在条件许可时，应尽量选用短时工作定额的电动机。

按发热和温升等效的原则计算电动机的负载功率 P_L，把 P_L 折算成标准工作时间下的等效负载功率 P_{LN}。α 为满载时的 PFe/PCu，t_{rN} 为标准运行时间，t_r 为实际运行时间。

$$P_{LN}=\frac{P_L}{\sqrt{\frac{t_{rN}}{t_r}-\alpha\left(\frac{t_{rN}}{t_r}-1\right)}}$$

当 $t_r \approx t_{rN}$ 时，上式可以简化为

$$P_{LN}=P_L\sqrt{\frac{t_r}{t_{rN}}}$$

预选电动机的额定功率 P_N 时，应满足 $P_N \geqslant P_{LN}$。

校验所选电动机：对于恒定负载的不必进行发热和过载能力校验；对于笼型异步电动机，应进行起动能力的校验。

【例 4-2】某机构为短时运行方式，输出功率 $P_o = 20$kW，机构效率为 75%，每工作 17min 后停机，而停机时间足够长。选择标准运行时间为 15min 的短时工作制电动机，请确认该电动机的额定功率。

解： $P_{LN} = P_L\sqrt{\frac{t_r}{t_{rN}}} = \frac{20}{0.75} \times \sqrt{\frac{17}{15}}$kW ≈ 28.4kW

因此应选择额定功率大于 28.4kW 的短时工作制电动机。

③ 断续周期运行电动机额定功率的选择。对于断续工作定额的电动机，其功率应根据负载持续率的大小来选择。计算负载功率 P_L 和实际负载持续率 FS。计算公式为 $FS = t_g/(t_g+t_o) \times 100\%$，式中 t_g 为工作时间，t_o 为停止时间，t_g+t_o 为工作周期时间。设 FS_N 为标准负载持续率，则负载功率折算为

$$P_{LN} = \frac{P_L}{\sqrt{\frac{FS_N}{FS}+\alpha\left(\frac{FS_N}{FS}-1\right)}}$$

当 $FS \approx FS_N$ 时，上式可以简化为

$$P_{LN} = P_L \sqrt{\frac{FS}{FS_N}}$$

预选电动机的额定功率 P_N 时，应满足 $P_N \geqslant P_{LN}$。

对于笼型异步电动机，应进行过载能力和起动能力的校验。

如果 $FS < 10\%$，则可按短时工作制选择；如果 $FS > 70\%$，则可按连续工作制选择。

【例 4-3】 某机构断续周期性地工作，工作时间为 120s，停机时间为 300s，作用在电动机轴上的阻转矩 $T_L = 60\text{N} \cdot \text{m}$，转速 $n_L = 1400\text{r/min}$。试选择拖动电动机的额定功率。

解： 电动机的负载功率为

$$P_L = T_L \Omega_L = T_L \frac{2\pi n_L}{60} = 60 \times \frac{2\pi \times 1400}{60} \text{W} \approx 8.8\text{kW}$$

电动机的实际负载持续率为

$$FS = \frac{t_g}{t_g + t_o} \times 100\% = \frac{120}{120 + 300} \times 100\% \approx 28.6\%$$

选择 $FS_N = 25\%$ 的工作制电动机，则

$$P_{LN} = P_L \sqrt{\frac{FS}{FS_N}} = 8.8 \times \sqrt{\frac{28.6\%}{25\%}} \text{kW} \approx 9.41\text{kW}$$

因此应选择 $P_N > 9.41\text{kW}$ 的工作制电动机。

此外，还可用类比法选择电动机的功率。具体做法：首先了解类似机构使用多大功率的电动机，然后选用相近功率的电动机进行试验。试验的目的是验证所选电动机与机构需要的电动机是否匹配。方法是使电动机带动机构运转，用钳形电流表测量电动机的工作电流，将测得的电流与该电动机标牌上标出的额定电流进行对比。如果电动机的实际工作电流与标牌上标出的额定电流上下相差不大，则表明所选电动机的功率

合适；如果电动机的实际工作电流比标牌上标出的额定电流低70%左右，则表明电动机的功率选得过大，应调换功率较小的电动机；如果电动机的实际工作电流比标牌上标出的额定电流大40%以上，则表明电动机的功率选得过小，应调换功率较大的电动机。

3）电压选择。根据企业实际的需要选择电压，可参考表4-3。要特别注意企业目前的电压是多少，以免买回来的电动机与之不匹配，还要增加设备进行电压变换。

表4-3 电压选择

电压/V	交流电动机			直流电动机	
	额定功率/kW			电压/V	额定功率/kW
	笼型	绕线转子	同步	110	0.25~110
380	0.6~320	0.37~320	3~320	220	0.25~320
6000	200~500	200~5000	250~10000	440	1.0~500
10000			10000~10900	600~800	500~4600

对于△/Y接法的电动机可以用220V/380V、380V/660V两种，功率较大的电动机应采用高压供电。

4）额定转速的选择。

① 电动机连续工作，很少起制动或反转。可以从设备的初期投资、占地面积和维护费用等方面，就不同的传动比进行比较来确定合适的额定转速。

② 电动机经常起制动及正反转，但过渡过程的持续时间对生产率影响不大。除考虑初期投资之外，还要根据过渡过程能量损耗为最小的条件来确定合适的额定转速。

③ 电动机经常起制动及正反转，过渡过程的持续时间对生产率影响较大。主要根据过渡过程持续时间为最短的条件来选择额定转速。

5）结构形式及安装方式的选择。

① 结构形式：开启式（图4-74）用于干燥和清洁的环境中；防护式（图4-75）用于干燥和灰尘不多，无腐蚀性、爆炸性气体存在的环境

中；封闭式（图4-76）适用于潮湿、多灰尘、易受风雨侵蚀等恶劣环境中；防爆式（图4-77）适用于有爆炸危险的环境中。

图4-74 开启式

图4-75 防护式

图4-76 封闭式

图4-77 防爆式

② 安装方式：卧式（图4-78）和立式（图4-79）。

图4-78 卧式

图4-79 立式

6）工作制的选择。连续工作制指电动机的工作时间 $t_g > 4T$，电动机长期运行，温升可以达到稳态温升，也称为长期工作制；短时工作制指电动机的工作时间 $t_g < 4T$，而停歇时间 $t_0 > 4T$，因而工作时的温升达不到稳态温升，可停歇后的温升降为零。我国短时工作制电动机的标准工作时间有：15min、30min、60min、90min 四种；断续周期工作制指电动机的工作与停歇交替进行，其时间均比较短，即 $t_g < 4T$，$t_0 < 4T$，工作时的温升达不到稳态温升，停歇时的温升也降不到零，也称为重复短时工作制。

国家标准规定：每个工作与停歇的周期 $t_Y=t_g+t_0 \leqslant 10min$，每个周期内工作时间所占的百分数，称为负载持续率（又称为暂载率），用 FS 表示。国家规定的标准负载持续率有：15%、25%、40%、60% 四种。

7）电动机型号的选择。根据以上参数和实际需求选择电动机的型号，具体可参考表 4-4。

表 4-4　电动机型号选择

符号	意义	符号	意义	符号	意义
Y	笼型异步电动机	YB	隔爆笼型异步电动机	T	同步电动机
YR	绕线转子异步电动机	YQS	潜水笼型异步电动机	TF	同步发电机
YQ	高起动转矩异步电动机	YD	多速异步电动机	Z	直流电动机
YH	高转差率异步电动机	Y-F	化工防腐用异步电动机	ZF	直流发电机

（2）气缸的选择应用

1）气缸选择要素。

① 气缸的种类有很多，选择气缸需要考虑的因素有：
- 气缸应用的场景（环境要求）。
- 气缸的性能。
- 安装的方法。
- 精度的要求。
- 气缸的工作压力。
- 负载情况等。

② 根据不同的场景，气缸选型也有所不同，以下选型供参考：

- 要求重量轻，可选轻型气缸。
- 要求制动精度高，可选锁紧气缸。
- 要求安装空间窄并且行程短，可选薄型气缸。
- 有横向负载，可选带导杆气缸。
- 要求气缸到达行程终端无冲击现象和无撞击噪声，可选择缓冲气缸。
- 不允许活塞杆旋转，可选具有杆不回转功能气缸。
- 高温环境下需选用耐热气缸。
- 在有腐蚀环境下，需选用耐腐蚀气缸。
- 在有灰尘等恶劣环境下，需要活塞杆伸出端安装防尘罩。
- 要求无污染时，需要选用无给油或无油润滑气缸等。

2）选型的步骤。

① 确定气缸的缸径。根据实际情况，计算出气缸轴向实际负载 F，气缸负载率 β 一般的取值：0.8、0.65、0.5、0.35，由 $F_t=F/\beta$，得到气缸理论输出力。根据气缸工作压力 0.3~0.7MPa，分别计算出气缸的缸径及杆径，进行圆整得到实际的缸径及杆径。

根据空气压力和气缸理论输出力 F_t 可快速选择缸径大小，见表 4-5，仅供参考。

表 4-5 缸径大小的选择

缸径 D/mm	气缸理论输出力 F_t/kgf				
	使用空气压力 p/MPa				
	0.3	0.4	0.5	0.6	0.7
6	0.85	1.13	1.41	1.7	1.98
10	2.36	3.14	3.93	4.71	5.5
12	3.39	4.52	5.65	6.78	7.91
16	6.03	8.04	10.1	12.1	14.1
20	9.42	12.6	15.7	18.8	22
25	14.7	19.6	24.5	29.4	34.4
32	24.1	32.2	40.2	48.3	56.3
40	37.7	50.3	62	75.4	88

第4章 低成本自动化八大动力源与应用

（续）

缸径 D/mm	气缸理论输出力 F_t/kgf				
	使用空气压力 p/MPa				
	0.3	0.4	0.5	0.6	0.7
50	58.9	78.5	98.2	117	137
63	93.5	125	156	187	218
80	151	201	251	302	352
100	236	314	939	471	550
125	368	491	615	736	859
140	462	616	770	924	1078
160	603	804	1005	1206	1407
180	763	1018	1272	1527	1781
200	942	1257	1571	1885	2199
250	1473	1963	2454	2945	3436
300	2121	2827	3534	4241	4948

注：1kgf=9.80665N。

根据负载力的大小来确定气缸输出的推力和拉力。一般均按外载荷理论平衡条件所需气缸作用力，根据不同速度选择不同的负载率，使气缸输出力稍有余量。若缸径过小，则输出力不够；但缸径过大，会使设备笨重，成本提高，又增加耗气量，浪费能源。工装夹具设计需要气缸时，应尽量采用扩力机构，以减小气缸的外形尺寸。

② 确定气缸的运行速度。气缸的运行速度取决于气缸输入压缩空气流量、气缸进排气口大小及导管内径的大小。若需要高速运动则取大值，气缸运行速度一般为 50~800mm/s。对高速运行气缸，应选择大内径的进气管道；对于负载有变化的情况，为了得到缓慢而平稳的运行速度，可选用带节流装置或气-液阻尼缸，其较易实现速度的控制。

选用节流阀控制气缸速度时需注意：水平安装的气缸推动负载时，推荐用排气节流调速；垂直安装的气缸提升负载时，推荐用进气节流调速。

③ 确定气缸的行程。根据气缸的操作距离和传动机构的行程比来预选气缸的行程。一般不选满行程，至少预留 20~50mm 的余量，以防

止活塞和缸盖相碰。如果用于夹紧机构等，则应按计算所需的行程增加10~20mm 的余量。

④ 确定气缸的类型。在气缸确定时，首先确认气缸是要做旋转运动、往复直线运动还是摇摆运动，再根据运动形式确定气缸的类型。若是往复直线运动，则可根据应用场合选择单作用气缸、双作用气缸、膜片式气缸或冲击气缸。

⑤ 确定安装形式。
- 一般情况下，采用固定式气缸。
- 需要随工作机构连续回转时（如车床等），应选用回转气缸。
- 要求活塞杆做圆弧摆动时，应选用轴销式气缸（耳轴式气缸常用）。
- 特殊要求时，应选相应的特殊气缸，如嵌入式气缸等。

⑥ 确定缓冲形式。由于气缸是刚性构件，在运动的过程中需要进行缓冲，气缸缓冲的大小是可调的，上下缓冲调整螺钉在进气孔的旁边。即气缸动作时，活塞杆即将伸缩完时会迅速慢下来，这样不仅降低了噪声，还延长了机构的使用寿命。气缸的型号不同，缓冲时间长短不同。

⑦ 磁性开关确认。磁性开关是用来检测气缸活塞位置的（运动行程）。使用磁性开关可以反馈气缸活塞杆伸出的位置，利用此反馈信号可以控制运动单元的动作，也可以控制气缸的行程。安装多个磁性开关还可以实现气缸在多点停止，但停止精度不高。有些机构可以不要磁性开关，根据实际应用场景而定。

⑧ 气缸负载率 β。β= 气缸实际负载 F/ 气缸理论输出力 F_t × 100%。

因气缸的运动特性，气缸的实际负载 F 很难直接算出，一般由理论输出力 F_t 和负载率 β 推算出 F 的实际值。β 一般的取值：0.8、0.65、0.5、0.35。

3. 电气应用机构案例

（1）自动升降机构

在日常工作中，操作员常常需要弯腰取放物料或空箱，导致劳动强度过大，影响作业效率等，通过自动升降机构（图 4-80）可实现操作员定点取放物料等。

第 4 章 低成本自动化八大动力源与应用

图 4-80 自动升降机构

（2）定点供料机构

当操作员用完一箱物料后，采用定点供料机构（图 4-81）可自动补充一箱物料，从而减轻操作员的劳动强度，并提高作业效率。由于单工位物料品种多，为了方便操作员保持在一个高度拿取并防错，可采用如图 4-82 所示的定点供料机构，这样不仅减轻了操作员的劳动强度，而且合理利用空间，通过感应识别，拿完一层物料后自动到另一层。

图 4-81 定点供料机构（一）　　图 4-82 定点供料机构（二）

（3）自动测试机构

早期采用杠杆压合机构完成测试作业，但操作员每天要进行 3000

多次压合，为了减轻操作员的劳动强度，提高作业效率，开发了如图 4-83 所示的自动测试机构。

图 4-83　自动测试机构

（4）自动整列机构

为了让操作员高效拿取物料并且每次拿取所需要的数量，制作了如图 4-84 所示的自动整列机构。

图 4-84　自动整列机构

第5章 低成本自动化机构设计与制作技巧

机构运动就五点，直曲旋摇间转换
机构设计两关键，运动和力组合拳
运动形式相互转，轻松设计找特点
模块制作真简便，省心省力又省钱

本章主要内容：
- 低成本自动化机构设计
- 低成本自动化机构制作技巧

5.1 低成本自动化机构设计

5.1.1 低成本自动化机构的构成

低成本自动化机构是由操作部分、传动部分、控制部分和机架部分构成的,如图 5-1 所示。传动部分设计是 LCIA 机构核心设计之一,相对其他部分比较复杂,是整体机构的心脏。控制部分次之,也是 LCIA 机构设计的关键,控制传动部分的运转等。

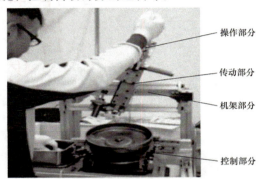

图 5-1 低成本自动化机构的构成

低成本自动化机构的传动部分(图 5-2)是将八大基本机构中的运动机构单元和运动副以特定的方式组合,通过动力源驱动产生一个可预期的运动,通过一个约束构件对运动机构单元进行约束的构件系统。

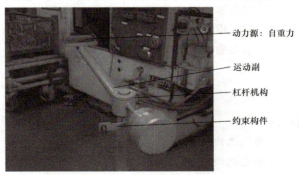

图 5-2 低成本自动化机构的传动部分

第 5 章 低成本自动化机构设计与制作技巧

1. 运动机构单元与自由度

LCIA 机构在任何环境下都是由运动机构单元传递运动和力的,运动机构单元可以由几个零件刚性连接组成。图 5-2 中的运动机构单元是一个杠杆机构,由杠杆连体、连接轴、盖、杠杆衬套支点等相互刚性连接组成,围绕一个固定轴转动。

刚体自由度(图 5-3)是指一个完全独立的刚体在空间直角坐标系下的自由度,图 5-3a 所示空间运动刚体的自由度为 s_x、s_y、s_z、θ_x、θ_y、θ_z,即自由度数 $F=6$;图 5-3b 所示平面运动刚体的自由度为 s_x、s_y、θ_z,即自由度数 $F=3$。

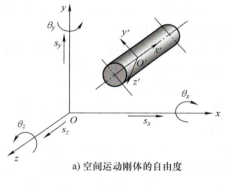

a) 空间运动刚体的自由度

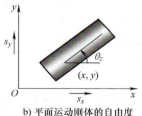

b) 平面运动刚体的自由度

图 5-3 刚体自由度

2. 运动副与约束

运动副:两个机构或构件以一定几何形状和尺寸的表面相互接触所形成的可动连接,图 5-2 中所示的运动副是圆形的。

运动副元素：两个机构或构件上参与接触而构成运动副的点、线、面部分。

约束：运动副对机构或构件间的相对运动自由度所施加的限制。

运动副的分类：

1）按运动副的接触形式分：面与面接触的运动副——低副；点、线接触的运动副——高副。

2）按两机构或构件相对运动的形式分：平面运动副和空间运动副。

3）按接触部分的几何形状分：圆柱副、球面副、螺旋副、球面-平面副、平面-平面副、球面-圆柱副、圆柱-平面副等。

3. 构件的类型

主动件：机构中按给定运动规律运动的机构或构件，如连杆、齿轮、链轮、臂杆等，也称为输入构件。

从动件：其余的可动机构或构件。具有预期的运动规律、对外完成某种动作的从动件也称为输出构件或执行构件。

约束件：约束运动机构单元的构件，如挡块、定位块、锁付构件等。

机架：固定不动的构件，如精益管、型材、钣金角铁等材料的框架。

4. 机构运动简图

机构运动简图是从运动学的角度出发，将实际机构中与运动无关的因素加以抽象和简化后，得到的反映实际机构的运动特性和运动传递关系的图形。机构示意图为不严格按比例绘制的简图，用于表达机构的结构特征，便于了解和掌握机构的意图。

（1）机构运动简图应满足的条件

1）构件数目与实际机构相同。

2）运动副的类型、数目与实际机构相符。

3）运动副之间的相对位置以及构件尺寸与实际机构成比例。

（2）机构运动简图的绘制步骤

1）分析机构的动作原理、组成情况和运动情况，确定主动件、机架、执行（控制）部分和传动部分。

2）沿着运动传递路线，逐一分析每两个构件或机构间相对运动的性质，确定运动副的类型和数目。

3）选择与机构多数构件的运动平面平行的平面，作为机构运动简图的视图平面。

4）选择适当的机构运动瞬时位置和比例尺 μ_l（m/mm），定出各运动副的相对位置，并用各运动副的代表符号、常用机构的运动简图符号和简单线条，绘制机构运动简图。

5）从主动件开始，按运动传递顺序标出各构件的编号和运动副代号。在主动件上标出箭头以表示其运动的方向。

例如，偏心泵机构运动简图如图 5-4 所示。

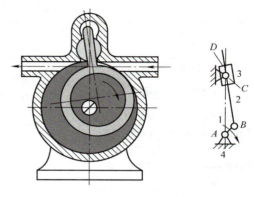

图 5-4　偏心泵机构运动简图

5.1.2　低成本自动化机构设计流程

无论是设计还是企业管理等一切活动，都需要一个好的流程。低成本自动化机构的设计也是一样，若没有一个好的流程，则在设计的过程中会疏漏很多问题，最终导致所设计的机构不适用。在低成本自动化机构设计时，应该遵循如图 5-5 所示的低成本自动化机构设计流程图。

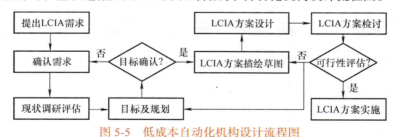

图 5-5　低成本自动化机构设计流程图

1. LCIA 需求

为了激发一线员工和现场管理者，充分发挥大家的智慧，需要设计一套简单实用的表格，针对不同的使用对象，改善的目标有所侧重，如一线员工希望改善累、险、难、脏、污的问题,这些问题得到改善后,效率、品质、成本、安全等 KPI 自然会得到改善。作为管理者提出需求和汇报,要用专业的词语对应 KPI 进行需求提交,可参照表 5-1。

表 5-1　LCIA 改善需求表

提出者	部门		提出日期	
	姓名		部门领导签字	
改善对象				
目前存在的问题	员工语言:累□　险□　难□　脏□　污□ 专业语言:效率□　品质□　成本□　安全□			
问题点现状描述(5W1H)				
希望解决哪些问题,达成的目标是什么(是否兼容、通用)				
拍照或视频(三张不同角度,正面、侧面、斜面)				

2. 现状调研评估

当员工提出 LCIA 改善需求后,不仅要进行现场确认,同时要进行现场调研和特性评估,收集更多的资料和数据,以便于后续设计出更加符合实际场景且好用的机构。从需改善的工作站进行全方位的数据了解和收集,涉及人、机、料、法、环、测以及产能要求等。现状调研数据收集表见表 5-2。

表 5-2　现状调研数据收集表

序号	项目	描述	数据	备注(风险点)
1	人			
2	机			
3	料			
4	法			
5	环			
6	测			
7	其他			

3. LCIA 方案设计

根据现场的实际情况和收集的数据等,对方案进行初步策划与设计,勾画出机构的模型,减少疏漏环节,确保方案的完整性,以便于更好地模拟验证。特别是对于初学者来说,一定要按照步骤进行,以免浪费时间和增加成本等。根据 LCIA 方案设计表(表5-3),首先利用计算机绘制二维或三维图,然后在计算机上模拟验证,进行方案的评估,以确保方案的可行性和实用性。

表 5-3 LCIA 方案设计表

序号	LCIA 机构	运动轨迹	运动机构	动力源	材料	备注
1	操作部分					
2	传动部分					
3	控制部分					
4	机架部分					

4. LCIA 机构的组合方式

工作中实用的 LCIA 机构往往不是一个简单的基本机构,而是由若干个基本机构通过各种连接方法组合而成的。常见的机构组合方法有串联和并联,利用串联和并联组合可得到复杂机构系统,例如压力机机构系统简图如图 5-6 所示。

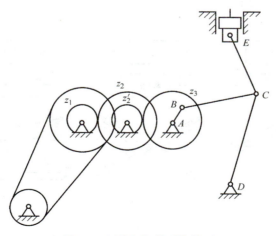

图 5-6 压力机机构系统简图

串联组合（图 5-7）：前一个机构（称为前置机构）的输出构件与后一个机构（称为后置机构）的输入构件刚性连接在一起。前置机构和后置机构都是单自由度机构。

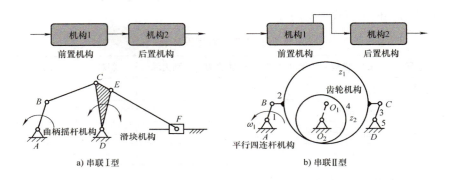

图 5-7 串联组合机构

并联组合（图 5-8）：若干个单自由度的基本机构的输入（或输出）构件连接在一起，保留各自的输出（或输入）运动，或有共同的输入构件与输出构件的连接。

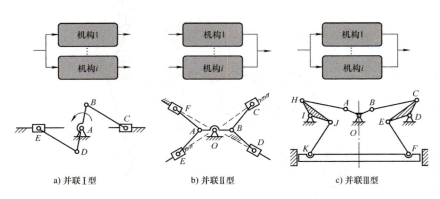

图 5-8 并联组合机构

5.1.3 低成本自动化机构设计要素

LCIA 机构设计由运动的特性和力的特性两个基本要素构成。运动的特性主要是改变运动方向、改变运动速度、运动转换。力的特性主要是力的大小、力的方向、力的传递。掌握这两大特性后，再设计 LCIA 机构就会轻松很多。

1. 运动的特性

在物理学里，一个物体相对于另一个物体的位置，或者一个物体的某些部分相对于其他部分的位置，随着时间而变化的过程称为机构运动。机构运动是自然界中最简单、最基本的运动形态。

（1）LCIA 机构的分类

LCIA 机构按运动形式可分为直线运动机构、曲线运动机构、摇摆运动机构、旋转运动机构和间歇运动机构。无论是 LCIA 机构还是自动化设备，都无外乎这五种运动形式，只是相互转化而已。

LCIA 机构按运动速度可分为匀速运动机构和变速运动机构。变速运动机构又分为变加速运动机构和变减速运动机构。

LCIA 机构按运动方式可分为平动机构、转动机构和振动机构等。

下面主要介绍按运动形式分的几种 LCIA 机构：

1）直线运动机构。直线运动机构是使部品上某点做准确或近似直线运动的机构。

直线运动机构根据运动轨迹分为单向直线运动机构和往复直线运动机构。单向直线运动机构指仅朝着指定的一个方向运动，如斜面送料机构；往复直线运动机构指正反方向都可以运动，如直线升降机构（图 5-9）。

直线运动机构根据运动速度分为匀速直线运动机构和匀变速直线运动机构。匀速直线运动机构是指物体在一条直线上运动，且在任意相等的时间间隔内位移相等，如图 5-10 所示；匀变速直线运动机构是指物体在一条直线上运动，且在任意相等的时间间隔内均匀地变换位移，如高铁列车。

图 5-9　直线升降机构　　　　图 5-10　匀速直线运动机构

2）曲线运动机构。曲线运动机构是指物体做平抛运动、斜抛运动、匀速圆周运动的机构,如图 5-11 所示。物体所受的合力(加速度)方向与其速度方向不在同一直线上。

图 5-11　曲线运动机构

3）旋转运动机构。旋转运动机构是围绕一个点或一个轴做圆周运动的机构,如齿轮、凸轮实现的旋转运动机构,如图 5-12 所示。

4）摇摆运动机构。摇摆运动机构(图 5-13)做来回摇摆运动,可分为左右摇摆机构、上下摇摆机构、90°摇摆机构,如曲柄摇杆机构、双摇杆机构等。

第5章 低成本自动化机构设计与制作技巧

 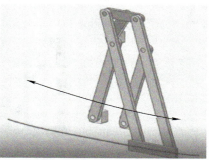

图 5-12　旋转运动机构　　　　图 5-13　摇摆运动机构

5）间歇运动机构。间歇运动机构（图 5-14）是指物体做周期性运动或停歇运动的机构。

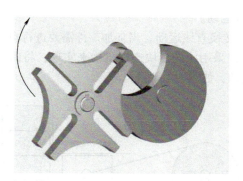

图 5-14　间歇运动机构

（2）LCIA 机构的运动转换

运动的特性主要有改变运动方向、改变运动速度、运动转换，这里重点介绍运动转换。

LCIA 机构由一个或多个运动机构组合而成，应详细分析该机构包含的运动转换。如图 5-15 所示的爱的印章机构，它包括旋转运动转换旋转运动、旋转运动转换直线运动、旋转运动转换间歇运动、直线运动转换曲线运动、直线运动转换旋转运动、直线运动转换直线运动等。

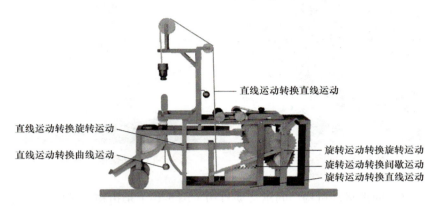

图 5-15 爱的印章机构

1)转换直线运动。

① 旋转运动转换直线运动。当某加工件需要进行自动装配、自动补料或卸料时,可以采用曲柄滑块连杆机构来实现,将曲柄的旋转运动转换为往复直线运动,如图 5-16 所示。

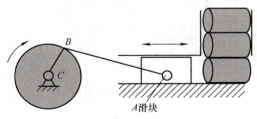

图 5-16 旋转运动转换往复直线运动(一)

在有些特殊的场合需要凸轮机构,如自动补料机构、自动计数机构等,将凸轮的旋转运动转换为往复直线运动,如图 5-17 所示。

当提升搬运某部品或部品箱时,类似于早期农业从深井提水灌溉,可以采用电动机驱动轮轴机构来实现,将轮轴的旋转运动转换为直线运动,如图 5-18 所示。

第 5 章 低成本自动化机构设计与制作技巧

 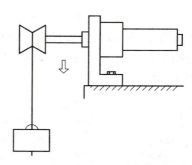

图 5-17　旋转运动转换往复直线运动（二）　图 5-18　旋转运动转换直线运动（一）

为了不再让员工弯腰取料，将部品箱从地面的卡板上上升到一定的高度，以实现定点取料，减轻工人的劳动强度，并降低安全隐患，可以采用电动机驱动丝杠机构来实现，部品箱每用完一层卡板自动升起一层的高度，将丝杠的旋转运动转换为直线运动，如图 5-19 所示。

当构件需要水平直线运动或上下垂直直线运动时，采用齿轮齿条机构，将齿轮的旋转运动转换为齿条的直线运动，如图 5-20 所示。

图 5-19　旋转运动转换直线运动（二）　图 5-20　旋转运动转换直线运动（三）

当物体需要搬运或在线流水作业时，如带传送、倍速链传送、链条传送、绳索传送、重物链条提升机构，将电动机的旋转运动转换为构件的直线运动，如图 5-21 所示。

② 直线运动转换直线运动。当部品、部品箱、物体、工作台等需要垂直上下升降直线运动时，如升降机构、可调升降工作台等，采用平行四连杆机构，将液压驱动的水平直线运动转换为上下直线运动，如图 5-22 所示。

图 5-21　旋转运动转换直线运动（四）　　图 5-22　水平直线运动转换上下直线运动（一）

由于空间位置有限，部品应先进先出，可采用斜面机构，如锡膏先进先出机构、部品分拣机构等，将斜面直线运动转换为直线运动，如图 5-23 所示。

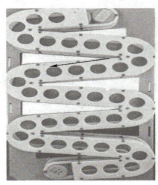 

图 5-23　斜面直线运动转换直线运动

在搬运或提升部品时，根据不同的应用场合来选择滑轮机构，将滑轮的水平直线运动转换为上下直线运动，如图 5-24 所示。

第5章 低成本自动化机构设计与制作技巧

图 5-24 水平直线运动转换上下直线运动（二）

当需要利用不规则外形带动另一个机构实现一些复杂的运动路径（几乎所有可能的运动形态）、速度和加速度时，如刀模、配钥匙等，可以采用凸轮机构，通过凸轮机构将水平直线运动转换为垂直直线运动，如图 5-25 所示。

③ 曲线运动转换直线运动。当操作员短距离地频繁搬运、提升或压合时，可以采用杠杆机构，其结构简单，制作容易且省力，通过杠杆将曲线运动转换为直线运动机构，如图 5-26 所示。

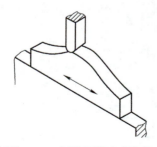

图 5-25 水平直线运动转换垂直直线运动

图 5-26 曲线运动转换直线运动机构

2）转换曲线运动。当部品或工件需要斜抛运动时，可以采用杠杆机构，在杠杆的主动侧施加力，从动侧的物体做曲线抛物运动，如图 5-27 所示。

当部品或工件需要平抛或斜抛时，还可以采用连杆机构、齿轮机构、凸轮机构、带传动和链传动机构等，将旋转运动转换为平抛或斜抛运动。

在用带传送工件、沙子、物品等时，一般先做直线运动，然后转换为曲线运动，如图 5-28 所示。大部分可做直线运动的机构都可以做平抛或斜抛运动，如斜面机构、曲柄连杆机构、带传动和链传动机构等。

3）转换旋转运动。

① 直线运动转换旋转运动。当重物放在周转小车上时，可制作无动力小车，即利用重力的原理驱动小车做往复直线运动，这时需要让小车的轮子产生旋转运动，则通过齿轮齿条机构将上下垂直直线运动转换为旋转运动，如图 5-29 所示。

当进行短距离跨工位传递时，通过物体自身的重力驱动传送带和链条旋转，即将物体的直线运动转换为旋转运动，如图 5-30 所示。

图 5-27　杠杆曲线抛物运动

图 5-28　直线运动转换曲线运动

图 5-29　直线运动转换旋转运动（一）

② 摇摆运动转换旋转运动。早期所见缝纫机就是采用曲柄摇杆机构实现的，通过摇杆将摇摆运动转换为旋转运动，如图5-31所示。

图5-30　直线运动转换
旋转运动（二）

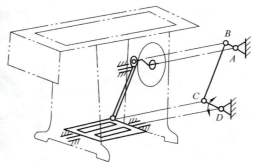

图5-31　摇摆运动转换旋转运动

③ 旋转运动转换旋转运动。当机构需要增减速或提升时，可采用齿轮机构、带传动和链传动机构，根据不同的应用场合设计不同的机构。如图5-32所示，其将齿轮或蜗杆的旋转运动转换为旋转运动。

4）转换摇摆运动。当机构需要来回摇摆时，可采用凸轮机构，将凸轮的旋转运动转换为摇摆运动，如图5-33所示。

图5-32　旋转运动转换旋转运动　　图5-33　旋转运动转换摇摆运动（一）

当将卷带绕在卷带器上时，需要均匀地往复缠绕，采用曲柄连杆机构让卷带不停地左右摇摆，通过曲柄连杆将旋转运动转换为摇摆运动，如图5-34所示。

常见的来回摇摆的机构，如汽车的雨刷等，采用摇杆机构，通过摇杆机构将摇摆运动转换为摇摆运动，如图5-35所示。

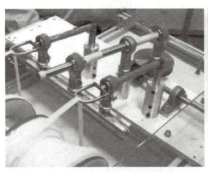 

图5-34　旋转运动转换摇摆运动（二）　　图5-35　摇摆运动转换摇摆运动

5）转换间歇运动。间歇运动基本都是由旋转运动转换的，通过不同载体的旋转转换为间歇运动，如连杆机构、凸轮机构、不完全齿轮机构、槽轮机构、棘轮机构等。

当凸轮转动时，通过凸轮的曲线沟槽拨动从动转盘上的滚子做间歇运动，如图5-36所示，其工作平稳，运动规律任意，适合高速轻载的场合。

当需要间歇供给或装罐时，如螺钉供给机构、化妆品装罐机构等，可采用槽轮间歇机构，如图5-37所示，其结构简单、工作可靠、转角不可调，通过槽轮将

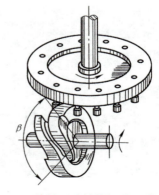

图5-36　旋转运动转换间歇运动（一）

旋转运动转换为间歇运动。

当需要单向的间歇运动且可快速调整方向时，如定点取料机构等，可采用棘轮机构，如图 5-38 所示，其结构简单、转角可调、转向可变、有冲击，适用于低速轻载的场合。该机构通过棘爪控制旋转运动转换为间歇运动。

图 5-37　旋转运动转换间歇运动（二）

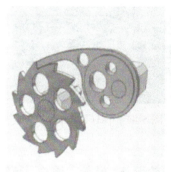

图 5-38　旋转运动转换间歇运动（三）

当部品或部品箱在水平位置时，用完一个后，后面所有的部品或部品箱同时水平前进同等行程，如步步进料机构等，可采用曲柄连杆机构，如图 5-39 所示，其结构复杂、工作可靠、转角不可调，通过曲柄连杆机构将旋转运动转换为间歇运动。

在特殊的应用场合，还可采

图 5-39　旋转运动转换间歇运动（四）

用不完全齿轮机构，如图 5-40 将旋转运动转换为间歇运动。

（3）LCIA 机构的运动方向

可改变运动方向的机构：杠杆机构、滑轮（滑槽块）机构、齿轮齿条机构等。

为了优化人员，不让人员看管容器，就要设计一个自动补充容器并待容器装满后自动流出的机构，出口应在容器的下方，因此可采用杠杆反向机构，如图 5-41 所示。

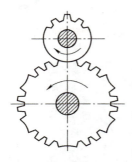

图 5-40　旋转运动转换间歇运动（五）　　图 5-41　杠杆反向机构

（4）LCIA 机构的运动速度

杠杆、连杆、斜面（丝杠）、滑轮、齿轮齿条、凸轮、槽轮、棘轮、传送带、链条、电动机、气缸等机构可制作匀速运动机构。齿轮、齿轮齿条、蜗轮蜗杆、传送带、链条机构可制作变速运动机构（图 5-42），其不仅可以做匀加速运动，也可以做匀减速运动。

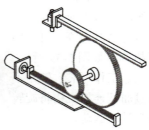

图 5-42　齿轮齿条变速运动机构

2. 力的特性

任何运动机构都有主动件和从动件。在主动件侧输入动力或动能通过运动机构或构件将动力或动能输出到从动件侧，在没有摩擦力的理想状态下，任何位置的均等变换机构，其动力输入与输出都会以一定的变换比例发生变化。LCIA 机构运动动力转换如图 5-43 所示。

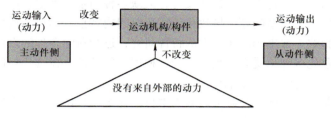

图 5-43　LCIA 机构运动动力转换

均等变换机构是指不管在任何场合，输入动力到输出动力的变换都是成一定比例的机构。

均等变换机构有：齿轮（直齿轮、锥齿轮、人字齿轮、蜗轮蜗杆、齿轮齿条）、丝杠（螺杆）、传送带、链条、滑轮等机构。

改变力大小的机构有：杠杆、连杆、斜面、滑轮轮轴（动滑轮）、齿轮齿条、凸轮等机构。

防止反转的机构（自锁功能）有：蜗轮蜗杆机构和棘轮机构，图 5-44 所示。

图 5-44　防止反转的机构

传递动力的机构有：杠杆（臂杆）、连杆、齿轮齿条、传送带、链条等机构。

低成本自动化机构的设计离不开力的设计，目前大部分设计人员在力学方面普遍偏弱，所设计低成本自动化机构仅仅能满足功能需求，使用寿命很短且维护困难。没有将数学、物理、技术、工程等学科进行充分的有机结合，只是为了设计而设计，欠缺多种因素的考虑，使后期使用过程中出现了很多问题，导致构件在短时间内磨损或损坏，机构不稳定，从而影响正常生产。通过力的特性研究，进行科学合理的设计，就会有效地避免构件承受力不足等问题。根据力的特性，在选择构件材料时应特别注意构件承受力等问题。

我在某世界 500 强企业进行低成本自动化机构现场诊断时发现了一个问题，当时即向企业中层管理者反映该机构有风险，不仅存在品质的隐患，同时有安全的隐患，并且不好用。原因如下：①该机构没有进行精益优化，只是为了实现操作员定点取料；②阀门支架部品箱体大，为 800mm×550mm×600mm（长×宽×高），且非常重，装满阀门支架后箱体合计约重 45kg；③前方定点取料运动单元斜面太大，部品箱下滑时冲击力非常大，容易损坏机构。LCIA 机构方案设计如图 5-45 所示。

根据以上案例分析力的特性，力的应用出现问题，自动投料到工作站前方杠杆机构运动单元的斜面为 45°，当装满部件箱体下滑时，底端冲击力约为 308.7N，这样采用传统的精益管接头，很容易

图 5-45　LCIA 机构方案设计图

损坏，会带来安全隐患。因此，对杠杆机构旋转的构件材质要求也非常高，同时对下方支承气缸要求也比较高，它也将承担至少 308.7N 的下压力。气缸采用硬连接方式，使用一段时间后气缸产生变形，最终导致无法使用。根据设计方案的结构分析，由于箱体的高度比较高，在空箱回流时下层斜面与上层斜面的最小高度差要大于 610mm。箱体回流采用等臂杠杆翻转，为使箱体回流顺畅，就要增加等臂杠杆的长度，从而增

加了 LCIA 机构的占用面积。

当箱体高度达到 300mm 以上时，建议将等臂杠杆机构更换成杆杆托盘机构。让杠杆托盘机构在箱体回流过程中先下降一定的行程，再进行翻转，杠杆托盘机构的斜面与自动补料的斜面的角度设计时几乎相同，这样部品箱下滑时的冲击力就小，然后进行静态翻转保持在 35°~40°，以便于操作员拿取部品。

5.1.4 低成本自动化机构设计原则

在符合原理并满足工作要求的条件下，应遵循的设计原则如下：

1）安全原则、牢固可靠。
2）机构的结构简单，易改造和维护等。
3）成本低（经济适用），固定构件级别越低、构件数和运动副数越少越好。
4）防错原则，减少依赖员工技能作业。
5）窄而深、快速移动。
6）小型适速化。
7）构件通用原则（机架材料、电子元器件、构件等尽量购买标准件）。
8）动力源优先无动力原则。

动力源选择的原则：优先考虑无动力，再考虑气（气缸），最后考虑电（电动机、电缸）；一个 LCIA 机构尽量动力源共用，越少越好。另外，动力源的选择还要根据企业的实际情况而定，目前国内对无动力方面的研究还不够，若采用无动力不能快速解决，也可以考虑电气。

5.1.5 低成本自动化机构设计技巧

为了让读者更好更快地学会 LCIA 机构的设计，我专门研究了一套机构设计的方法。目前在三天两夜"LCIA 低成本自动化实务与应用"培训中剖析得非常清晰。首先，分析待设计机构最末端要实现的动作，然后，将末端动作分析结果作为引导进行逐步分解，最终设计出满足要求的 LCIA 机构。根据末端动作的运动特性，选择采用无动力还是用电动机或气缸作为驱动器将动力输出做运动转换，进而筛选出所需的机构。按照表 5-3 来确定初步的设计方案，然后根据表中的描述和数据等进行计算机绘图，这样可达到事半功倍的效果。

5.2　低成本自动化机构制作技巧

在生产现场，常有部分员工在组装机构时装了拆、拆了又装，这到底是什么问题呢？通过了解发现，有些员工在组装时只凭经验而不用图样，现场混乱，一会儿找工具、一会儿找材料等，影响工作效率等。下面介绍一些 LCIA 机构制作的技巧。

1. 材料模块化

根据设计图样，组装人员应先进行材料确认和模块化放置，如图 5-46 所示，以避免装到一半时才发现材料不够或不是当初设计时想要的构件。

2. 组装模块化

在操作员组装时，应按照模块进行组装，如图 5-47 所示，再进行模块之间的连接，最后进行控制部分的安装等。

图 5-46　材料模块化

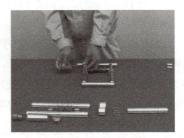

图 5-47　组装模块化

3. 图样和工具手元化

在组装的过程中，图样应随着操作员一起，边看图样边操作，不要盲目进行安装。工具应有序摆放在最佳伸手可拿取的位置，不用四处查找工具等。在条件允许的情况下，可以配备工具包，随身携带，拿取方便，作业效率高。

第 6 章 低成本自动化在八大领域中的应用

初生牛犊不怕虎，勤于实践才是汉
原则原理在眼前，应用实践少拐弯
八大领域多实践，改善创新变万千

本章主要内容：
- ➤ 作业改善应用之手元化、少人化应用案例
- ➤ 物流搬运应用之省力化、整流化应用案例
- ➤ 品质保证应用之防错化、适正化应用案例
- ➤ 设备改善应用之简便化、经济化应用案例
- ➤ 治具改善应用之轻巧化、少量化应用案例
- ➤ 安全改善应用之机械化、零伤化应用案例
- ➤ 环境 5S 应用之整列化、高效化应用案例
- ➤ 现场（信息）管理应用之数据化、目视化应用案例

6.1 作业改善应用之手元化、少人化应用案例

6.1.1 定数取螺钉整列机构

LCIA 应用 1	定数取螺钉整列机构	Q C D M S

着眼点
- 在同一位置抓取，不需要思考和判断，伸手即可抓取 3 颗。
- 螺钉整列并保持同一个方向，按作业所需方向等待。
- 现场整洁，螺钉的数量一目了然。

改善前

问题点：
1）操作员每次从容器中抓取 3 颗螺钉需要时间，由于容器里面螺钉比较凌乱，抓取不方便，并不能准确抓取 3 颗，有可能造成漏装和掉落的风险。
2）抓取的螺钉需要翻转，不是使用时所需要的方向，螺钉需要同一方向。
3）抓取时随着容器里面的螺钉数量发生变化，操作员就要去寻找并选择抓取，浪费时间。

改善后

LCIA 应用：
1）装螺钉的容器做上下直线运动，可用连杆和杠杆驱动机构将容器中的螺钉顶到斜面导槽上，也可以用气缸和电缸进行驱动。
2）斜面导槽机构，螺钉进入斜面导槽，利用自重原理整齐同向排列。
3）末端用杠杆控制机构进行 3 颗螺钉排出控制。

【改善效果】
① 螺钉抓取及作业时间缩短 3.5s。
② 消除螺钉漏装和掉落的风险。
③ 现场整洁，数量可视，降低管理成本。

6.1.2 金属垫片整列机构及定数取料

| LCIA 应用 2 | 金属垫片整列机构及定数取料 | Q C D M S |

着眼点
- 在同一位置拿取，不需要思考和判断，伸手即可拿取 2 片。
- 金属垫片整列并保持同一个方向，按作业所需方向等待。
- 防止金属垫片漏装的风险。

改善前

问题点：
1）操作员每次在容器拿取 2 个金属垫片需要时间，由于容器里面的金属垫片比较凌乱，也比较小，拿取不方便，并不能准确地拿取 2 个，有可能造成漏装和掉落的风险。

2）拿取的垫片需要翻转，不是使用时所需要的方向。

3）拿取时随着容器里面的垫片数量变少，操作员就要去寻找并选择拿取，浪费时间。

改善后

LCIA机构正面　　LCIA机构反面

LCIA 应用：
1）通过人力或配重（结合滑轮机构）驱动齿轮机构做旋转运动。

2）旋转驱动旋转盘运动，旋转盘上有磁铁将容器中的金属垫片带动上来，通过挡块进行控制，平放的部品进入导槽。

3）导槽斜面整齐排列垫片，末端用杠杆进行控制。

【改善效果】
① 金属垫片拿取时间缩短 2.6s。
② 消除金属垫片漏装的风险。
③ 现场整洁，数量可视，降低管理成本。

6.1.3 异形塑胶件整列机构

LCIA 应用 3	异形塑胶件整列机构	Q **C D M** S

着眼点
- 制品每次要组装 3 个异形塑胶件，在 3 个不同的地方，每次 1 个，希望一次组装 3 个位置，提高效率。
- 异形塑胶件需整齐摆放，组装方便，并且保持一个方向。

改善前

问题点：
1）操作员每次需要从容器中拿取 1 个进行组装，每个制品需要 3 个就要重复 3 次从容器中拿取。由于容器里面的塑胶件比较凌乱，部品异形，拿取不方便，塑胶件有时勾在一起，拿取时间增加。
2）拿取塑胶件后需要翻转，不是使用时所需要的方向。

改善后

LCIA 应用：
1）制作旋转圆筒容器，将塑胶件倒入圆筒容器，电动机驱动圆筒容器旋转，塑胶件将一个个地顺序从容器出口排出。
2）塑胶件进入障碍斜面，朝着一个方向运动。
3）由于自身重力原理，塑胶件进入斜面导杆上，按序进行排列。

【改善效果】
① 作业时间缩短 6.3s，一次组装 3 个异形塑胶件。
② 整列为人机分离实现 LCIA 作业打下了坚实的基础。
③ 现场整洁，数量可视，优化 1 位员工。

6.1.4 塑胶齿轮整列机构

LCIA 应用 4	塑胶齿轮整列机构	Q **C D** S

着眼点
- 塑胶齿轮整齐排列便于实现 LCIA 装配。
- 齿轮两面都是一样的,整列不需要同一方向。
- 12 个齿轮为一个单位。

改善前

问题点:
1)白晚班各需要 2 位操作员将齿轮一个个地穿到铁棍上,每班要工作 11.5h,还满足不了当天的产能,效率低下。
2)每串需要 18s。
3)此工作枯燥无味,员工没有成就感。
4)现场凌乱,需要熟练的技能。

改善后

LCIA 应用:
1)电动机做旋转运动,驱动连杆机构做间歇运动,容器内部 6 个斜面挡块做来回间歇摇摆运动,让齿轮竖立落下。
2)齿轮竖立着利用自重原理通过 12 个斜面导槽一个个排出。
3)末端制作一个开口的齿轮治具,一根铁棍直接穿入齿轮中间圆孔,将 12 个齿轮穿在一个串上。

【改善效果】
① 人员优化 2 人,白晚班各需要 1 人或者白班需要 2 人工作后晚上不用工作。
② 每串只需要 3s,节省 15 s。
③ 员工开心,不用加班,提高员工幸福感。

6.1.5 空心铆钉整列机构

LCIA 应用 5	空心铆钉整列机构	Q **C** **D** M S

着眼点
- 空心铆钉需要整齐排列，每次保证排出 1 个。
- 大头朝下平放才是作业方便的方向。
- 重复枯燥无味的工作使用 LCIA 机构取代。

改善前

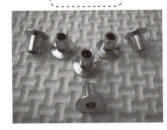

问题点：
1）手工将空心铆钉排列到导槽里，效率低下，1h 排列 1200 个，用量较大，需要专人负责。
2）铆钉比较小，拿取不是很方便，有时需要翻转。
3）有时混入长尺寸的铆钉，需要人工取出。
4）此工作枯燥，员工没有成就感。

改善后

LCIA 应用：
1）容器里面的铆钉通过振动器振动到达斜面，斜面上安装细小的斜圆柱障碍，利用重力原理使铆钉大头朝下下滑，若是不是大头朝下，在下滑的过程中铆钉碰到圆柱进行翻转，将会竖立，大头朝下。
2）不是本尺寸的铆钉将被剔出。
3）大头朝下的铆钉进入斜面导槽。
4）末端用杠杆控制机构将铆钉一个个排出。

【改善效果】
① 优化 1 人，不用专人看管，在进行其他设备作业时，人工来查看一下即可。
② 投入 700 元制作，成本低。
③ 员工开心，不用再机械式枯燥工作。

6.1.6 螺杆整列机构（有动力）

| LCIA 应用 6 | 螺杆整列机构（有动力） | Q C D M S |

着眼点
- 部件需要安装 6 根螺杆进行紧固，需要自动整列并计数。
- 在同一位置抓取，不需要思考和判断，伸手即可抓取。
- 防止漏装螺杆的风险，给产品造成严重安全隐患。

改善前

问题点：
1）手工拿取螺杆，有时抓取多就要放回容器，有时抓取得少就要再抓取，操作员来回跑，浪费时间。
2）若是少装 1 根螺杆，就可能造成严重安全隐患。

改善后

LCIA 应用：
1）电动机驱动传送带旋转的同时，通过曲柄连杆链轮链条机构使螺杆容器上下运动。
2）当容器上升时，螺杆就掉落到传送带上，由传送带将螺杆传送到斜面导槽。
3）斜面导槽末端正好有 6 根螺杆时，感应开关将电动机驱动停止，当 6 根螺杆被取走后，电动机继续驱动，确保每次有 6 根螺杆并将数据传到 MES 进行过程监控。

【改善效果】
① 作业效率提高，平均节约 6.7s。
② 品质保证，每次只供给 6 根螺杆，数据传输到 MES。
③ 不再担心漏装带来的安全隐患。

6.1.7 小螺钉整列机构

| LCIA 应用 7 | 小螺钉整列机构 | Q C D M S |

着眼点
- 开发一个自动整列小螺钉的机构。
- 在同一位置近距离不用思考拿取 7 个螺钉。
- 操作员操作时防止漏装螺钉。

改善前

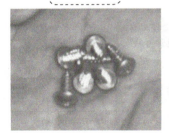

问题点：
1）小螺钉在螺钉机里面，操作员不知道里面螺钉的状况，不知道什么时候需要添加。
2）目前每次取1个，要反复取7次，浪费时间。
3）小螺钉机离作业区有点远，动作是 M5，劳动强度比较大。

改善后

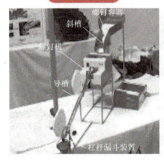

LCIA 应用：
1）容器里面的螺钉振动到螺钉机里面。
2）螺钉机将螺钉整列后通过斜槽将螺钉有序排列，不影响作业的同时将螺钉通过导槽传送到离手最近的位置。
3）末端采用杠杆漏斗机构，每次手轻轻触碰漏斗就自动掉出 7 颗螺钉到手心。

【改善效果】
① 取螺钉的时间由原来的 14s 变为 3s，节约了 11s。
② 不用担心漏装螺钉的风险，也不用人工记忆装了多少个螺钉。
③ 不用担心螺钉掉落到产品里。

6.1.8 轴心整列定点取料机构

LCIA 应用 8	轴心整列定点取料机构	Q C **D M** S

着眼点
- 希望每次出来一根轴心，拿取方便。
- 离作业区距离更近，缩短取料时间。
- 不用切换容器，不占用位置。

改善前

问题点：
1）操作员从容器中拿取，由于堆在一起拿取不方便，拿完后还要进行轴心翻转。
2）容器有一定的高度，最下面的拿取不方便。
3）容器比较大，很容易凌乱。

改善后

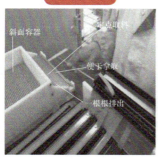

斜面容器
定点取料
便于拿取
一根根排出

LCIA 应用：
1）制作斜面机构，正好轴心的长度就是斜面容器的宽度，这样不会凌乱。
2）斜面容器下方有一个开口，正好可以利用自重原理排出 1 根。
3）末端位置的中心挖槽，便于手快速拿取。
4）排出的方向正好与组装的方向平行，不用翻转。

【改善效果】
① 轴心拿取节约 1.6s。
② 减少作业面积。
③ 现场整洁美观。

6.1.9 弹簧整列排出机构

| LCIA 应用 9 | 弹簧整列排出机构 | Q C D M S |

着眼点
- 让弹簧分开,不能搅在一起,采用弹簧分离机构。
- 一个个排出,要装配 12 个弹簧,能否 1~2 次完成。

改善前

问题点:
1) 操作员将容器里面的弹簧先分开,效率低下。
2) 将分离开来的 12 个弹簧一个个放到制品里面。
3) 员工有时在分离弹簧时伤到手指。

改善后

LCIA 应用:
1) 用电动机驱动旋转分离机构做旋转运动,将里面的弹簧一个个排出。
2) 斜面旋转轴将排出的弹簧一个个缓慢地传送到 6 个圆筒里。
3) 操作员手握连杆机构将圆筒一起移动到制品上方,按下杠杆控制机构,放置 6 个弹簧到相应的位置,移动后再放置 6 个弹簧到制品的相应位置。

【改善效果】
① 作业时间由原来 36.7s 变为 4.6s,节约了 32.1s。
② 操作员可以不做枯燥无价值的工作,还兼顾其他机台作业,优化人员 1 人。
③ 现场整洁美观。

第 6 章　低成本自动化在八大领域中的应用

6.1.10　定点放料机构

| LCIA 应用 10 | 定点放料机构 | Q C **D** **M** **S** |

着眼点
- 让检验人员保持一定的高度放置检验完毕后的部品。
- 减轻劳动强度，不用搬箱，开发定点放料机构。

改善前

问题点：
1）检验人员劳动强度很大，要将检验完毕的箱子搬到作业台旁边的卡板上。
2）搬运的距离远，而且要弯腰作业。
3）每箱 20kg，劳动强度大，员工常抱怨，离职率很高。
4）偶尔会有安全事故发生，如箱子没拿稳，砸到自己的脚。

改善后

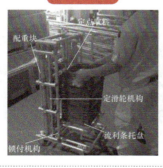

LCIA 应用：
1）每检验完毕一箱，机构自动下降一箱的高度，放上空箱，进行下一箱检验，边检验边放置到空箱里面，满箱后再下降一层。
2）配重块进行模块设计，分段进行，减小 LCIA 机构的负荷；与滑轮组机构结合实现上下升降运动，同时定点放料机构可以水平移动。
3）托盘下方安装一个锁付机构，需要时打开。

【改善效果】
① 降低劳动强度，减少搬运，员工满意度提高。
② 工作效率提高。
③ 安全隐患减少。

6.1.11 近手定点取料机构

LCIA 应用 11	近手定点取料机构	Q C **D** M S

着眼点
- 让操作员近距离取料。
- 合理利用空间。

改善前

问题点：
1）操作员取料不方便，距离比较远。
2）物料箱占用位置比较大，影响到其他员工作业。
3）物料箱比较深，取最底层的物料不方便。

改善后

斜面容器
定点取料

LCIA 应用：
1）后方补料，斜面容器放置在下一层，物料利用自重原理自动滑落到最前方，操作员可以定点取料。
2）上层放置其他物料，合理利用空间。
3）工作站前方可以摆放多种物料，让员工拿取更加方便并且距离更近。

【改善效果】
① 拿取时间节约了 1.8s。
② 合理利用空间，占用面积减少。
③ 现场整洁，员工满意度提高。

6.1.12 齿轮定点取料整列机构

| LCIA 应用 12 | 齿轮定点取料整列机构 | Q **C D** M S |

着眼点
- 齿轮摆放整齐，取放容易。
- 减轻劳动强度，不用搬箱，开发定点放料机构。

改善前

问题点：
1）齿轮放在容器中，从上工序 2m 远的地方搬运到下工序，而且齿轮中心有轴，容器每次只能装载 16 个，分 2 层，中间有隔层，每使用完一层要把隔层放到一个固定的地方，整箱用完后，将隔层又放回箱子里面，效率低下。
2）每个齿轮约 3.5kg，每用完一箱要去生产线外搬运一箱到工作岗位上，劳动强度比较大。

改善后

LCIA 应用：
1）采用金属福来轮制作一个长 2.3m 的斜面，齿轮在福来轮斜面上进行有序下滑，传递到下工位，取消容器搬运。
2）齿轮之间采用杠杆机构以免齿轮进行碰撞，杠杆末端采用定滑轮，减少对齿轮的摩擦及划伤。
3）斜面最末端安装缓冲挡块机构。

【改善效果】
① 每个齿轮作业时间平均节约 2.1s。
② 减少容器和防护隔层。
③ 降低劳动强度，减少搬运。

6.1.13 齿片定点取料整列机构

LCIA 应用 13	齿片定点取料整列机构	Q C D M S

着眼点
- 齿片比较薄，片与片常粘在一起，要让片与片自动分离。
- 整列固定在一个位置，不容易滑动。
- 在离手最近的位置拿取，始终在一个高度。

改善前

问题点：
1）齿片放在工作台面上稍微施力就容易滑动。
2）片与片叠放粘在一起，拿取需要很长时间。
3）从高到低拿取，到底部时员工需要弯腰。
左图为第一次改善，问题点：齿片定位不准，容易滑动，导致橡胶吸嘴不能准确吸取；由于只有一个吸嘴，力不平衡，很容易导致吸嘴损坏。

改善后

LCIA 应用：
1）制作一个定位机构，齿片很容易放上去不容易滑动。
2）气缸做直线运动，前端圆盘安装 3 个橡胶吸嘴，将齿片吸起来。
3）操作员始终在一个高度去取齿片。

【改善效果】
① 平均节约 2.6s。
② 减少容器和防护隔层。
③ 降低劳动强度，减少搬运。

6.1.14 方向盘定点取料整列机构

| LCIA 应用 14 | 方向盘定点取料整列机构 | Q C D M S |

着眼点
- 方向盘比较大，又是封闭的圆环，需要整齐排列。
- 操作员每拿取一个，另外一个就补充到此位置（定点取料）。

改善前

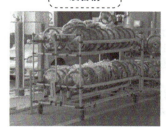

问题点：
1) 方向盘放在分层物料架上，从上面开始拿取，拿取不方便，占用空间大。
2) 方向盘在操作员后方，每次拿取需要转身。
3) 每次用完一边，就要将周转车旋转180°，便于拿取另外一边的方向盘。

改善后

LCIA 应用：
1) 制作滑轮挂钩与斜面导杆机构，将方向盘有序排列。
2) 利用自身重力原理，前方取走一个方向盘，滑轮挂钩自动回流，自动补充下一个。
3) 员工不用移动，定点就可以拿取方向盘。

【改善效果】
① 同样取30个方向盘，时间要节约75.4s。
② 降低操作员的劳动强度。
③ 提高产品质量。

6.1.15 机箱外壳手元取料机构

LCIA 应用 15	机箱外壳手元取料机构	Q C D M S

着眼点
- 操作员拿取机箱外壳后快速组装,与操作方向一致。
- 机箱外壳双手拿取方便,不能太远。

改善前

问题点:
1)机箱外壳在物料架上,员工要每次转身拿取,从上层拿到下层,需要弯腰。
2)操作员每使用一个都要走几步去拿取机箱外壳。
3)拿到后要对机箱外壳进行翻转,保持与组装方向一致,产生动作浪费,效率低下。

改善后

LCIA 应用:
1)取消物料架,直接随行工装配送,放置在组装产品的下方,伸手就可以拿取。
2)机箱外壳放置时与组装时拿取出来的方向一致。

【改善效果】
① 拿取作业时间平均节约 1.8s。
② 取消物料架。
③ 降低劳动强度,减少搬运。

6.1.16 电子物料手元取料改善机构

| LCIA 应用 16 | 电子物料手元取料改善机构 | Q C D M S |

着眼点
- 操作员从前方取料,伸手可得。
- 防止不按顺序组装。
- 防止漏装部件。

改善前

问题点:
1)操作员要转身拿取物料,动作浪费。
2)经常忘记拿取的先后顺序,导致重复或返回。
3)电子物料较小,容易漏装。
4)现场凌乱。

改善后

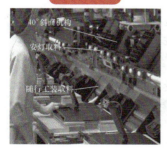

LCIA 应用:
1)前方制作 40°斜面机构物料架,用完自动补充。
2)安灯取料,根据灯的变化进行,若不是按顺序就会报警,同时物料进入系统。
3)部分核心物料随行工装取料,后工序可发现前工序是否漏装。
4)现场整洁,伸手就可取料。

【改善效果】
① 本工序由 28.3s 变为 16.1s,节约了 12.2s。
② 从前方取料,不用转身,减轻劳动强度。
③ 现场干净整洁,不会有漏装等品质问题。

6.1.17 工具手元取放机构

| LCIA 应用 17 | 工具手元取放机构 | Q C D M S |

着眼点
- 操作员伸手可拿,并且不需要放回,工具会自动返回到指定位置。
- 工具不占用作业台面。

改善前

问题点:
1)工具平放在作业台上,需要取放 2 个动作。
2)工具在作业台面影响作业。
3)操作员随手放置工具,下次用时要再查找,没有固定的位置。
4)拿取工具后,还要远距离取螺钉,效率低下。

改善后

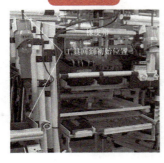

LCIA 应用:
1)工具采用平衡器挂起,伸手可拿。
2)工具使用完毕后,采用橡皮带将工具拉回到最初作业状态(停留在螺钉的上方),等待下一个循环作业。
3)工具外用夹具套环,使工具回到初始位置不会摇摆,以免影响作业等。

【改善效果】
① 拿取作业时间节约 1.5s。
② 作业平台得到有效利用。
③ 现场整洁。

6.1.18 手元取料和组装机构

| LCIA 应用 18 | 手元取料和组装机构 | Q C **D** M S |

着眼点

- 希望操作员近距离取料。
- 提升作业台空间利用率。

改善前

问题点:
1）操作员取料超过 M5，拿取不方便，需要踮脚。
2）物料多，位置不够用。
3）工作站凌乱。

改善后

斜度加大
吸塑盘小型化
工装治具斜放

LCIA 应用：
1）斜面由原来的 25° 改变为 43°，距离更近。
2）部品容器小型化、标准化。
3）小电子部品可以放到工作台面上，拿取更加方便，充分利用作业区的位置。
4）组装工装治具由平放变为斜放。

【改善效果】
① 平均作业时间节约 2.3s。
② 作业空间利用率提升。
③ 现场 5S 改善。

6.1.19 长部品手元取料机构

| LCIA 应用 19 | 长部品手元取料机构 | Q C D M S |

着眼点
- 提升周转车的容载率。
- 方便操作员拿取。

改善前

问题点：
1）操作员手伸到物料架里面拿取部品，很容易刮划及碰撞到部品。
2）部品拿取不方便。
3）容载率比较低。

改善后

气弹簧

LCIA 应用：
1）分层采用气弹簧，用完一层翻上去，进行下一层拿取。
2）拿取方便，可视，不会刮划和碰撞。
3）每层可增加 1 倍的容载率，同时可以增加层数。

【改善效果】
① 取部件时间平均节约 1.8s。
② 容载率提升 10 倍以上。
③ 减少部品刮划等导致的不合格。

6.1.20 钢珠装配机构

| LCIA 应用 20 | 钢珠装配机构 | Q C D **M** S |

着眼点
- 让 6 颗钢珠一次放到相应的位置。
- 方便操作员操作。
- 防止漏装、错装。

改善前

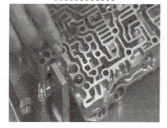

问题点：
1）由于钢珠光滑，操作员拿取钢珠时，钢珠不小心就会滑落到制品里，取出来非常难。
2）若是手指有油污等脏物，就会影响钢珠的性能等。
3）制品里要装多颗钢珠，一颗颗拿取，效率低下。

改善后

LCIA 应用：
1）制作快速装配治具，将钢珠倒入容器，容器底部开 6 个孔，与制品上装配的位置一一对应。
2）治具中间为活动层控制机构（类似抽屉），水平移动一次，6 颗钢珠就掉落到相应的孔里，上层容器里面的钢珠就原地不动，当复位时容器里的 6 个孔里的钢珠就会掉落到底层的孔里。
3）制品自动移动到治具下方，下工序员工进行开关控制操作。

【改善效果】
① 作业时间由原来的 13.6s 变为 3.2s，节约了 10.4s。
② 钢珠无滑落到部品的风险，效率大幅提高。
③ 人员优化 1 人，由下工序的人员辅助实现。

6.1.21 金属垫片装配机构

LCIA 应用 21	金属垫片装配机构	Q C **D** M S

着眼点
- 让 3 个不同的金属垫片同时装到相应位置。
- 方便操作员一次操作。
- 防止漏装、错装。

改善前

问题点：
1）由于金属垫片大小形状差距不大，员工要按顺序拿取金属垫片并放置在制品里，经常拿错顺序。
2）每次要取 3 个金属垫片，效率低下。

改善后

整列排出机构
底层 中层
顶层 移动滑块机构

LCIA 应用：
1）制作一个整列排出机构，通过滑轮组、直线滑块、杠杆等机构将 3 个金属垫片自动依次叠加在一起。
2）操作员一次取 3 个金属垫片，直接放入制品里。

【改善效果】
① 作业时间节约了 4.2s。
② 提升作业品质，无漏装错装的问题。
③ 现场 5S 改善。

6.1.22 螺钉自动锁付机构

| LCIA 应用 22 | 螺钉自动锁付机构 | Q C D M S |

着眼点
- 让螺钉自动对准电批头。
- 垂直自动调节进行锁付。
- 一次进行 3 个螺钉锁付。

改善前

问题点：
1）操作员要手工对准位置，一个个进行锁付，一个制品需要锁付 9 次，效率低下。
2）手动锁付容易打偏。

改善后

弹力电批头

LCIA 应用：
1）电动机驱动齿轮机构，保持其上下直线运动，3 个螺钉同时自动锁付。
2）电批头采用内置弹簧机构，当与螺钉对接时可以自动调节纠正螺钉垂直状态，以防损坏制品或螺钉。

【改善效果】
① 作业时间从 27.2s 变为 9.5s，节约 17.7s。
② 提升品质，无打偏损伤现象。
③ 操作员可同时做其他工作。

6.1.23 自动检测机构

| LCIA 应用 23 | 自动检测机构 | Q **C D** M S |

着眼点
- 自动检测不用人工看守。
- 异常停止，正常排出。

改善前

问题点：
1）人工操作杠杆测试机构检测部品，劳动强度大，需要人工判断是否不合格，有时出现误判。
2）工作枯燥无味，离职率高。

改善后

LCIA 应用：
1）气缸驱动检测设备做垂直运动，省去人工。
2）自动检测，出现异常机构停止，正常就自动弹出部品。
3）上工序人员将部品直接放置到治具里，返回时按下按钮，机构自动进行检测，部品弹出后，后道工序人员将部品取走。

【改善效果】
① 提高作业效率。
② 优化 1 位人员。
③ 提升品质。

6.1.24 通信产品 Wi-Fi 测试机构

| LCIA 应用 24 | 通信产品 Wi-Fi 测试机构 | Q C D M S |

着眼点
- 测试设备小型化。
- 合理利用空间。

改善前

问题点：
1）设备大，占用位置大，比较重，移动不方便，里面每次只能测试一台，效率低下。
2）产品取放不方便，控制开关不合理。

改善后

LCIA 应用：
1）测设机构小巧轻便，便于移动。
2）产品取放人性化，倾斜放置测试机构。
3）按键操作方便。

【改善效果】
① 提高测试效率。
② 面积节省 1/4。
③ 降低机构开发成本。

6.1.25 自动装配机构

| LCIA 应用 25 | 自动装配机构 | Q C D M S |

着眼点
- 金属杆自动装入齿轮里面。
- 实现自动供料和自动排出。

改善前

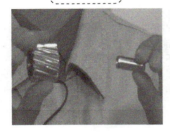

问题点：
1）手工装入效率低下。
2）若是手上有污渍或汗渍，将会影响产品质量。
3）现场比较凌乱，物料都在塑胶容器放置，拿取不方便。

改善后

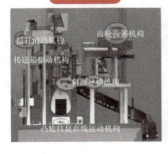

LCIA 应用：
1）电动机驱动凸轮做旋转运动，旋转运动转换为左右上下直线运动，将齿轮与金属杆进行对接装入。
2）由齿轮齿条机构将齿轮推入凸轮直线运动机构的上方托盘，摇杆滑块机构将金属杆推入凸轮机构托盘上的齿轮里。
3）制品完成后通过杠杆翻转将制品送入斜面导槽机构进行顺序排列。

【改善效果】
① 人员优化，机构自动装配。
② 效率提高 50%。
③ 品质提升，现场整洁。

6.1.26 快速扣合机构

| LCIA 应用 26 | 快速扣合机构 | Q C D M **S** |

着眼点
- 节约员工打开彩盒的时间。
- 减少彩盒划伤等品质风险。

改善前

问题点：
1）操作员打开包装彩盒困难，影响作业。
2）由于打开困难，用力过大，偶尔会损坏彩盒。

改善后

LCIA 应用：
1）包装彩盒放置在上方时，自动感应，气嘴吹气，沿着包装彩盒侧边的缝隙吹上，将盒盖吹开。
2）员工拿取盒盖，放置产品。

【改善效果】
① 作业时间节约 2.7s。
② 投入成本低。
③ 品质提升，员工满意度提高，激发员工的创意。

6.2 物流搬运应用之省力化、整流化应用案例

6.2.1 旋转供料机构

| LCIA 应用 1 | 旋转供料机构 | Q C **D** M S |

着眼点
- 空间有限,多种物料供应。
- 产品快速切换后物料快速切换。

改善前

问题点:
1) 前方物料种类多,摆放混乱。
2) 现场比较凌乱,拿取不方便。
3) 产品切换后,物料切换时间久,切换损失大。

改善后

旋转取料机构

LCIA 应用:
1) 采用牛眼支撑,安装一个中心轴,物料盘可360°进行旋转。
2) 前方和后方料盘里都可以放置部品,物料盘就可放置很多物料,拿取方便。
3) 当产品切换时,后方就可切换新品种的物料,从而达成几乎零时间切换物料。

【改善效果】
① 空间合理利用。
② 物料切换损失将为零。
③ 现场整洁有序。

6.2.2 AGV 自动搬运机构

LCIA 应用 2	AGV 自动搬运机构	Q C D M S

着眼点
- 减少人工搬运。
- 实现 AGV 自动配送。

改善前

问题点：
1）劳动强度大，年轻人不愿意做物流配送工作。
2）人工点对点地搬运，效率低下。
3）来回现场穿插，偶尔有安全事故。
4）有时没有准时配送导致员工等待。

改善后

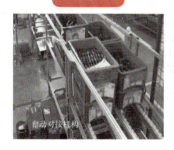

LCIA 应用：
1）采用 AGV 进行搬运，用磁条进行导航。
2）制作自动上下料对接机构，不用人工参与。
3）自动对接采用杠杆控制机构。

【改善效果】
① 无人配送，优化人员。
② 准时配送，提升效率。
③ 现场整洁有序。

6.2.3 重物省力搬运机构

| LCIA 应用 3 | 重物省力搬运机构 | Q C D M S |

着眼点
- 减轻操作员的劳动强度。
- 提高搬运效率和品质。
- 减少安全隐患。

改善前

问题点：
1）员工搬上搬下，劳动强度大。
2）搬运的电池比较重，搬运效率低，周转车很快就损坏，电池外壳碰伤和划伤。
3）员工搬运过程中出现过安全事故，砸伤员工的脚。

改善后

杠杆滚筒机构
杠杆锁付机构

LCIA 应用：
1）制作结实牢固的周转车，不容易损坏。
2）周转车上安装杠杆滚筒机构，上下都不用拿起重物，只要轻轻推就可以上下。
3）杠杆机构安装锁付机构，防止移动过程中滑出。

【改善效果】
① 提高搬运效率和品质。
② 减轻劳动强度，提高员工满意度。
③ 减少安全事故和品质隐患。

6.2.4 省力搬运机构

LCIA 应用 4	省力搬运机构	Q C D M S

着眼点
- 上工序到下工序搬运轻松。
- 取消一箱箱搬运,现场流动起来。
- 减少品质隐患和安全隐患。

改善前

问题点:
1) 现场堆积如山,脏乱差,重复搬运。
2) 搬运过程中碰伤或划伤工件。
3) 员工搬运过程中出现工件滑落现象。

改善后

LCIA 应用:
1) 添加滑轮配重块机构,工件放入工装里,由于自重,工件就滑向下工序。
2) 工件取出后,由滑轮配重块机构将工装拉回。

【改善效果】
① 提高搬运效率,实现单件流,优化人员搬运。
② 减轻劳动强度,提高员工满意度。
③ 减少品质和安全隐患。

6.2.5 辅件跨工位传递机构

| LCIA 应用 5 | 辅件跨工位传递机构 | Q C D M S |

着眼点
- 取消人工搬运。
- 跨工位传递机构做完一个,传送一个。

改善前

问题点:
1)辅助部品在辅助线体上作业,做完一箱搬一次。
2)由于品种的变换,辅助工件做出多的部品就要放置一旁,导致现场堆积。
3)现场凌乱,需要很多物料架暂存。

改善后

LCIA 应用:
1)采用塑料管道和漏斗,将做好的部品放入漏斗。
2)管道里面适当的气流将部品吹往几米远的工位上。

【改善效果】
① 减少人工搬运。
② 投入很少的成本解决传递的问题。
③ 现场整洁有序,激发员工的创意。

6.2.6 手机卡跨工位传递机构

| LCIA 应用 6 | 手机卡跨工位传递机构 | **Q C D M S** |

着眼点
- 取消人工搬运。
- 每 30min 自动传送一次。

改善前

问题点：
1）每 30min 员工要离岗将盒子里的手机卡送到 5m 远的工位，影响作业。
2）送卡的员工抱怨做一些无价值的工作。

改善后

定滑轮机构

LCIA 应用：
1）采用电动机驱动空中滑轮带动钢丝绳由旋转运动转换为直线运动，将手机卡料盒送到 5m 远的工位上方。
2）员工取下料盒，将手机卡倒入工作台物料盒后，按一下按钮，手机卡料盒自动返回。

【改善效果】
① 减少人工搬运。
② 投入很少的成本解决传递的问题。
③ 提高员工满意度，激发员工的创意。

6.2.7 金属件跨工位传递机构

| LCIA 应用 7 | 金属件跨工位传递机构 | Q C **D** M S |

着眼点
- 取消人工搬运。
- 减少品质隐患。
- 单件流动，缩短生产周期。

改善前

问题点：
1）上工位加工好工件送到几米远的下一个工位。
2）员工拿取有滑落的风险，造成划伤等。

改善后

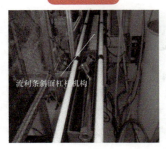

流利条斜面杠杆机构

LCIA 应用：
1）制作流利条斜面杠杆机构，将料盒及工件传递到下工序。
2）下工序取完工件后，按下控制开关，斜面杠杆机构就翻转，将空料盒返回。

【改善效果】
① 减少人工搬运。
② 减少品质隐患。
③ 提高员工满意度。

6.2.8 重物跨工位搬运机构

LCIA 应用 8	重物跨工位搬运机构	Q C D M S

着眼点
- 取消人工搬运，用无动力小车进行。
- 减少品质隐患。
- 减少安全隐患。

改善前

问题点：
1）变速器非常重，用天吊人工控制辅助搬运，稳定性差。
2）容易碰到周边的设备上，造成品质隐患。
3）搬运过程中也有安全隐患。

改善后

无动力小车机构
齿轮齿条机构

LCIA 应用：
1）利用变速器的重量，驱动齿条直线运动，齿条驱动齿轮旋转运动，齿轮传递动力给小车脚轮做直线运动。
2）采用发条（平衡器）在小车前行时储备能量，当变速器卸下后平衡器驱动小车返回。

【改善效果】
① 取消人工辅助搬运。
② 减少品质隐患。
③ 减少安全隐患。

6.2.9 跨工位定点取料机构

LCIA 应用 9	跨工位定点取料机构	Q C D M S

着眼点
- 取消人工搬运，减少劳动强度。
- 定点取工件。
- 减少品质隐患。

改善前

问题点：
1）供应商来料不稳定，需要专人检查，检查外观是否有刮痕等。
2）检查完毕后再次装进工件箱送往 3m 远的下一个压合工序，人工搬运过程中工件再次碰撞可能导致刮痕，下工序人员还要再次检查确认。
3）下工序人员要从后方取工件，拿取不便，因为前方是压合设备。

改善后

LCIA 应用：
1）侧方放置流利条斜面机构，让工件工装（防止划伤或碰伤）在斜面上利用自身重力下滑。
2）在下方制作挡杆，当工件取走时，工装继续下滑，末端是杠杆翻转机构，工装就从下方流利条斜面机构返回。
3）操作员始终保持在一个位置拿取部品。

【改善效果】
① 取消人工搬运。
② 提高拿取工件的效率。
③ 减少品质隐患。

6.2.10 工件翻转机构

| LCIA 应用 10 | 工件翻转机构 | Q C D M S |

着眼点
- 通过机构辅助翻转，减少劳动强度。
- 杜绝品质隐患。
- 杜绝安全隐患。

改善前

问题点：
1）齿轮工件手工进行翻转，劳动强度大，每个重 3.5kg。
2）翻转的过程中有滑落的风险，造成品质和安全隐患。

改善后

LCIA 应用：
1）当工件进入杠杆翻转机构后人工辅助翻转，不用拿取。
2）不会存在跌落的品质风险和安全隐患，翻转完毕后，杠杆翻转机构自动复位，等待下一个工件进行翻转。
3）采用弹簧驱动齿轮齿条机构进行复位。

【改善效果】
① 降低劳动强度，提高翻转效率。
② 减少品质隐患。
③ 减少安全隐患。

6.2.11 手元定点取工件机构

LCIA 应用 11	手元定点取工件机构	Q C D M S

着眼点
- 实现定点取工件。
- 杜绝弯腰和线外行走取件。
- 杜绝品质和安全隐患。

改善前

问题点：
1）离开作业台线外弯腰拿取工件，劳动强度大。
2）竖直拿取工件有品质和安全隐患，很容易刮划工件和使工件滑落。

改善后

LCIA 应用：
1）操作员保持同一高度取工件，不用弯腰，伸手就可取工件。
2）采用弹簧、配重块结合，每取一层工件，工件托盘自动上升。

【改善效果】
① 提高作业效率，平均节约拿取 4.1s。
② 减少品质隐患。
③ 减少安全隐患。

6.2.12 定点取料机构

| LCIA 应用 12 | 定点取料机构 | Q C D M S |

着眼点
- 实现定点取料。
- 杜绝弯腰和线外行走取件。

改善前

问题点：
1）离开作业台线外弯腰拿取工件，劳动强度大。
2）竖直拿取工件有品质和安全隐患，很容易刮划工件和使工件滑落。

改善后

流利条倒顺机构
杠杆控制机构
空箱自动回收

LCIA 应用：
1）操作员保持同一高度取工件，不用弯腰，伸手就可取工件。
2）采用弹簧、配重块结合，每取一层工件，工件托盘自动上升。

【改善效果】
① 提高作业效率，平均节约拿取 4.1s。
② 减少品质隐患。
③ 减少安全隐患。

6.2.13 手元取料传送机构

LCIA 应用 13	手元取料传送机构	Q C D M S

着眼点
- 近距离取料。
- 让物料架移动到离作业者更近的距离。
- 杜绝品质和安全隐患。

改善前

问题点：
1）右手拿取一个勾扒，拉动物料架向作业前方移动，左手抬起又要担心物料架倾倒，作业效率低下。
2）在勾扒的过程中容易造成物料架倾斜，导致部品跌落或安全隐患。

改善后

LCIA 应用：
1）操作员右手操作臂杆，物料架平稳前行，类似步进上料机构，当右手松开机构就自动回到原位。
2）臂杆驱动曲柄连杆控制机构，让物料架沿着流利条斜面依次平稳移动。

【改善效果】
① 提高作业效率，平均节约拿取 4.1s。
② 减少品质隐患。
③ 减少安全隐患。

6.2.14 定点取放机构之一

| LCIA 应用 14 | 定点取放机构之一 | Q C D M S |

着眼点
- 定点取工件。
- 定点放空部品箱。
- 自动升降,不用人工搬运。

改善前

问题点:
1)离开作业台线外弯腰搬取工件箱,劳动强度大,用完一箱去搬一箱。
2)影响作业效率并存在安全隐患。

改善后

LCIA 应用:
1)左边自动升降机构离作业台最近,是定点取工件机构,采用电动机驱动链条链轮机构,用完一箱就自动提升下一箱的位置。
2)右边自动升降机构,当空箱放置上去就自动下降一层。
3)升降机构的托盘采用叉车形式,直接将周转车推进升降机构的托盘上,不用搬上搬下,节约时间。

【改善效果】
① 提高作业效率。
② 降低劳动强度。
③ 减少安全隐患。

6.2.15 定点取放机构之二

| LCIA 应用 15 | 定点取放机构之二 | Q C D M S |

着眼点
- 定点取物料。
- 定点放空吸塑盒。
- 自动升降，不用人工搬运。

改善前

问题点：
1）员工从高拿到低，拿取不方便。
2）用完 10 盘后要去线外拿取补充。
3）空吸塑盘需要弯腰放在作业台下方。
4）作业台前方堆积太高，不美观。

改善后

LCIA 应用：
1）右边自动升降机构便于右手取放部品，每用完一层，自动感应升一层，采用电动机驱动滑轮组机构，可以叠放 20 盘。
2）左边放置空吸塑盘，利用吸塑盘自重掉落叠放。

【改善效果】
① 提高作业效率，平均每盘物料拿取节约 3.5s。
② 降低劳动强度，空吸塑盘不用弯腰叠放。
③ 现场美观。

6.2.16 定点放工件机构

| LCIA 应用 16 | 定点放工件机构 | Q C D M S |

着眼点
- 定点放工件，自动叠箱。
- 降低劳动强度，减少搬运。
- 提高员工的满意度。

改善前

问题点：
1）员工从最底层开始放检验的工件，每一个都要弯腰，劳动强度非常大。
2）放满一个箱子，再拿一个空箱放在上面，再继续进行检验。
3）叠放 5 箱后移动到另外一个方向进行叠放，一卡板合计 20 箱后再用叉车搬运到后工序。
4）员工离职率高，现场凌乱。

改善后

定点放工件机构
周转车

LCIA 应用：
1）操作员始终保持一个高度放置检验的工件，每放满一箱按控制开关，工装托架与箱体一起下降到底部，工装托架遇到障碍放下箱体并复位。
2）顶部杠杆控制机构将工装托架托起不让下降，放置空箱继续检验工件。
3）叠满 5 箱后，脚踩底部杠杆控制机构，使这 5 箱与周转车一起滑出，送到下工序。

【改善效果】
① 提高作业效率，定点放置工件。
② 降低劳动强度，提高员工满意度。
③ 现场整洁美观。

6.2.17 定点取料空箱回收机构

LCIA 应用 17	定点取料空箱回收机构	Q C D M S

着眼点
- 定点取料。
- 空箱自动回收。
- 合理利用空间。

改善前

问题点：
1）员工转身从后方取料，用完一箱，空箱要放到其他地方，再搬两箱料过来，效率低。
2）劳动强度大。
3）现场 5S 差。

改善后

流利条斜面机构
杠杆翻转机构

LCIA 应用：
1）操作员始终保持在一个位置取料，用完一箱自动补充一箱。
2）箱体在下滑的过程中杠杆翻转机构开始的斜度不能过大，否则冲击力过大，损坏部品，采用气缸，当箱体进入杠杆翻转机构，通过气缸进行控制，让箱体倾斜便于更好取料。
3）一箱物料用完后，整体杠杆翻转机构下降后再翻转，空箱从下方滑走，上方物料箱自动补充。

【改善效果】
① 提高作业效率，前方定点取物料。
② 降低劳动强度，自动回收空箱。
③ 现场整洁美观。

第6章 低成本自动化在八大领域中的应用

6.2.18　90°物料供给机构

| LCIA 应用 18 | 90°物料供给机构 | Q C **D** M S |

着眼点
- 90°物料供给。
- 空箱自动回收。
- 合理利用空间。

改善前

问题点：
1）员工转身从后方取料，用完一箱，空箱要放到其他地方，再搬一箱料过来，效率低。
2）空间有限，员工操作不方便。
3）现场5S差，堆积如山。

改善后

流利条斜面补料机构
杠杆翻转机构
流利条斜面空箱回收机构

LCIA 应用：
1）操作员始终保持在一个位置取料，用完一箱自动补充一箱。
2）90°拐角制作一个杠杆偏心机构，当箱体到达90°拐角处就自动转向滑向操作员侧方，便于操作员取料，同时便于物流人员及时补料。
3）用完一箱脚踩杠杆翻转机构，空箱从补料的下方返回，便于物流人员拿取。

【改善效果】
① 提高作业和物流人员的效率。
② 降低劳动强度，自动回收空箱。
③ 现场整洁美观。

6.2.19 空箱水平供给机构

LCIA 应用 19	空箱水平供给机构	Q C **D** M S

着眼点
- 空箱水平供给。
- 作业完毕自动回流。
- 合理利用空间。

改善前

问题点：
1）员工放满 1 箱后就流走，再走 3 步去线外拿取空箱。
2）容载率很低，料架只能放 4 箱，而需要至少 8 箱才能满足生产。

改善后

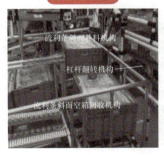

流利条斜面补料机构
杠杆翻转机构
流利条斜面空箱回收机构

LCIA 应用：
1）制作滑轮组机构，右边放置操作的部品箱，放满后就自动下降，左边的空箱就升起，水平移动空箱到满箱的上方。
2）当 2 箱都装满后脚踩控制机构，部品箱将从前方流利条斜面机构滑走。
3）右边滑轮组机构升起，左边机构下降，空箱自动补充 2 箱，再进行作业。

【改善效果】
① 提高作业效率。
② 提高场地的利用率，由原来只能放置 4 箱变为 8 箱。
③ 现场整洁美观。

6.2.20 空容器回收机构

| LCIA 应用 20 | 空容器回收机构 | Q C **D** M S |

着眼点
- 空容器简便回收。
- 合理利用空间。

改善前

问题点：
1）员工每次使用完一箱部品后，要弯腰将部品箱放到工作台的下方，动作浪费。
2）现场空间利用不合理。

改善后

LCIA 应用：
1）将前方的物料架变为梯形物料架，便于员工拿取下层物料。
2）在下层物料架下方留有空隙，利用斜面机构让空容器滑落，减少员工弯腰放置。

【改善效果】
① 提高作业效率。
② 减少劳动强度。
③ 合理利用空间，提高员工满意度。

6.2.21 定点取料机构

| LCIA 应用 21 | 定点取料机构 | Q C **D** M S |

着眼点
- 多层物料架定点取料。
- 杜绝漏装物料。
- 合理利用空间。

改善前

问题点:
1) 位置不够, 水平摆放很多种物料, 拿取时从左拿到右边, 比较分散, 拿取不便。
2) 偶尔出现漏装的现象, 造成品质风险。
3) 部品顺序装错, 导致重拆再装。

改善后

LCIA 应用:
1) 制作上下 2 层物料架, 每层可放 6 种物料。
2) 根据作业顺序, 分别将物料有规律地摆放在上下 2 层, 上层取后就利用气缸驱动进行向上运动, 员工就可拿取下层物料。
3) 按顺序拿取, 防止漏装现象和错装现象。

【改善效果】
① 提高作业效率。
② 提高品质, 无漏装和错装。
③ 合理利用空间, 提高员工满意度。

6.2.22 成品检验码垛空箱自动补充机构

LCIA 应用 22	成品检验码垛空箱自动补充机构	Q C **D** **M** S

着眼点
- 定点放工件，自动码垛。
- 空箱自动补充。
- 合理利用空间。

改善前

问题点：
1）操作员从右边拿取工件进行检查并用治具测试，检查完毕放到左边的箱子里，每放满一箱要搬到附近的卡板上。
2）员工劳动强度大，还要从卡板上拿取一个空箱过来。

改善后

LCIA 应用：
1）利用流利条空箱补充斜面机构，每装满一箱，补充一个空箱。
2）成品检验码垛机构采用滑轮杠杆机构和配重块，每装满一箱就下降一箱的行程，叠放三箱后脚踩控制杠杆机构，三箱就沿着下层物料架滑出。

【改善效果】
① 提高作业效率，提升 26.3%。
② 减轻劳动强度，减少搬运。
③ 自动码垛，合理利用空间。

6.3 品质保证应用之防错化、适正化应用案例

6.3.1 安灯取料机构

| LCIA 应用 1 | 安灯取料机构 | Q C D M S |

着眼点
- 让作业员不用思考按照灯先后顺序取料。
- 防止漏装。

改善前

问题点：
1）物料多，员工很容易装错，造成重复拆装。
2）经常漏装，导致后工序发现品质不合格。

改善后

LCIA 应用：
1）按照指示灯进行取料，让员工不用去记忆。
2）若是漏装，则最后一个部品前方有一个挡板将是关闭状态，最后一个部品就无法取出。若是按标准作业取料，利用电动机驱动挡板翻转，便可取里面的物料。

【改善效果】
① 提高作业效率。
② 提升品质，防止漏装。
③ 提高员工满意度。

6.3.2 自动触点检测机构

| LCIA 应用 2 | 自动触点检测机构 | **Q** C D M S |

着眼点
- 关键位置自动识别。
- 防止漏检。

改善前

问题点：
1）检验员每天要检查几千个工件，下午会疲倦，很容易漏检或错检。
2）依赖员工的技能和专注度，劳动强度大。

改善后

LCIA 应用：
1）将工件放入治具中，关键点安装触点和感应器灯。
2）若是符合就是绿灯，不符合就是红灯，通过观察灯就可以看出问题。
3）员工只需要将部品放入治具中进行观察就好。

【改善效果】
① 提高检测效率。
② 提升品质，防止漏检。
③ 提高员工满意度。

6.4 设备改善应用之简便化、经济化应用案例

6.4.1 弹簧自动分离机构

LCIA 应用 1	弹簧自动分离机构	Q C D M S

着眼点
- 弹簧自动分离，取代人工。
- 减少安全隐患。

改善前

问题点：
1）员工将弹簧一个个地剥离开来后再进行作业，严重影响效率。
2）剥离完毕后要放到工装圆筒里，防止再次混乱，有序排列。
3）员工在剥离的过程中很容易刺伤手。

改善后

电动机
旋转盘
弹簧排出

LCIA 应用：
1）旋转盘里面装入弹簧，电动机驱动旋转盘做旋转运动。
2）弹簧从下方出口一个个排出。

【改善效果】
① 效率提高 41.3%。
② 不会划伤手。
③ 投入成本低，员工满意度提高。

6.4.2 自动除尘除静电机构

| LCIA 应用 2 | 自动除尘除静电机构 | Q **C** D M S |

着眼点
- 自动除尘除静电。
- 不用人工取放

改善前

问题点：
1）员工手持部品放在设备的上方进行翻转除尘除静电，效率低。
2）很难保证员工全部翻转并进行无死角除尘。

改善后

LCIA 应用：
1）优化手工操作，上工序员工将部品放置到工装治具上，通过光电开关感应，气缸将工装治具移动到设备，自动进行除尘和除静电。
2）设置标准时间，完毕后自动推出，下工序员工拿取。

【改善效果】
① 优化 1 位员工。
② 提高工作效率，按节拍作业。
③ 提升品质，标准作业。

6.4.3　设备改造低成本自动化机构

| LCIA 应用 3 | 设备改造低成本自动化机构 | Q C D **M S** |

着眼点
- 优化人员，不用专人操作设备。
- 自动压合。

改善前

问题点：
1）专人操作 2 台压合设备，效率低。
2）员工只是在取放和按按钮，工作枯燥；设备压合过程中，员工是等待状态。
3）人工放置产品，有时放置位置不准，导致品质不合格。

改善后

直线导轨
可移动治具

LCIA 应用：
1）对旧设备进行改造合并，加装直线导轨和治具。
2）上工序员工操作完毕后直接将产品放到压合设备上的治具上，自动感应后移动到中间气缸驱动向下运动进行压合，压合完毕从右边排出，下工序员工自动拿走，治具就返回到最左端，2 个治具轮换进行。

【改善效果】
① 优化 1 名作业人员。
② 提高工作效率和提升品质。
③ 现场 5S 整洁。

6.4.4 链条自动清扫和注油机构

| LCIA 应用 4 | 链条自动清扫和注油机构 | Q C D M S |

着眼点
- 链条自动清扫和注油。
- 不用人工定期维护。

改善前

问题点：
1）链条每周要人工进行一次清扫和注油，效率低，每条链条需投入十几分钟。
2）手工操作，注油不稳定，有时油漏在地面上，影响环境等。

改善后

旋转毛刷杠杆机构
自动注油机构

LCIA 应用：
1）两边链条各安装一个可旋转的毛刷杠杆机构，不用停线维护，正常使用的过程中自动进行清扫。当物体在链条上滑动时，碰到旋转毛刷杠杆机构时，用于物体前行的动力将毛刷机构推开，物体行驶过后用弹簧将杠杆机构恢复原位。
2）安装注油装置，链条运动的过程中，通过工装将油滴到链条上进行润滑。

【改善效果】
① 优化维护人员。
② 提高工作效率和提升品质。
③ 现场 5S 整洁。

6.5 治具改善应用之轻巧化、少量化应用案例

6.5.1 回转组装治具机构

LCIA 应用 1	回转组装治具机构	Q **C D** M **S**

着眼点
- 让员工轻松一次就组装好。
- 自动补料。

改善前

问题点：
1）操作员右手拿一个部件，左手拿一个部件，组装时很难对准位置，而且不稳定。
2）现场 5S 糟糕，部品堆在工作台上，比较凌乱。

改善后

杠杆控制机构

LCIA 应用：
1）斜面导槽让部品有序地排列。
2）斜面末端用 2 个杠杆控制机构，每使用一个部品，后面就自动补充一个部品并翻转过来，正好是组装的状态。
3）操作员只要拿着另外一个部品轻轻地按一下，两个部品就组装好了。

【改善效果】
① 提升工作效率，节约 1.9s。
② 成本投入低。
③ 现场干净整洁。

6.5.2 组装治具合并机构改善

| LCIA 应用 2 | 组装治具合并机构改善 | Q **C** D M S |

着眼点

- 让 1 名员工就可以简便操作。
- 减少治具的数量。
- 提高作业效率。

改善前

问题点：
1）有 3 套治具，需要 3 名员工分别进行操作，增加搬运动作。
2）治具多，线平衡差，效率低。

改善后

LCIA 应用：
1）将 3 套治具合并为 2 套，减少搬运。
2）通过找部品的共同点，合并治具，使占用的位置减少，1 名员工在区域范围内就可以很方便地操作，不用走动。

【改善效果】
① 提升工作效率，优化人员。
② 减少治具投入。
③ 减少场地占用面积。

6.5.3 智能测量治具机构

| LCIA 应用 3 | 智能测量治具机构 | Q C D M S |

着眼点
- 让员工轻松测量不用思考,"傻瓜式"作业。
- 减少人为品质隐患。

改善前

问题点:
1)操作员左手把持部品,右手操作臂杆机构,眼睛盯住前方测量治具的表针,大脑要进行计算,是否在合理的范围内。
2)测量效率低,很容易疲劳,导致测量误差或失误。

改善后

直线导轨

LCIA 应用:
1)采用智能测量治具,将部品放在治具上,自动测量是否在合理的范围内,若是不在就报警,若是在合理范围内,上面有数字显示。
2)采用直线导轨可以兼容不同的部品测量。

【改善效果】
① 提升工作效率。
② 提升品质。
③ 提高员工的满意度。

6.6 安全改善应用之机械化、零伤化应用案例

6.6.1 自动浸锡机构

LCIA 应用 1	自动浸锡机构	Q C D M S

着眼点
- 自动浸锡和自动下料。
- 减少安全隐患。
- 减少品质隐患。

改善前

问题点：
1）手工拿着部品进行浸锡，下午犯困或工作时间久后很容易烫伤手指，经常出现员工烫伤的现象。
2）由于锡水温度很高，因此在浸锡过程中要特别小心，手持不能保持稳定，导致浸锡不均匀造成品质不合格。

改善后

LCIA 应用：
1）开发一个六边形旋转盘机构，将部品手工插入旋转盘上，插满后旋转盘进行旋转。
2）由气缸将高温锡水金属盒子顶起，与部品底部接触，均匀浸锡。
3）当旋转到左侧时由气缸将旋转盘上的部品推出到容器里。

【改善效果】
① 无安全事故。
② 提高工作效率和提升品质。
③ 员工满意度提高。

6.6.2 省力注油机构

LCIA 应用 2	省力注油机构	Q C D M S

着眼点
- 减少安全隐患。
- 开发省力辅助机构。

改善前

问题点：
1）操作员提起油壶进行注油，每天要注 24 次，油壶重 20kg，劳动强度大。
2）在注油的过程中由于劳累很容易将油倒出设备容器以外，洒落在地上，导致安全隐患和现场油污及浪费。

改善后

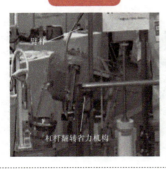

臂杆
杠杆翻转省力机构

LCIA 应用：
1）制作杠杆翻转省力机构，将油壶放置在杠杆机构里，推动臂杆，油就开始自动注入设备容器中。
2）通过配重块带动杠杆机构，随着油减少，油壶斜度慢慢发生变化，油可以顺利地注入设备容器里，注入完毕后将杠杆机构复位，这样在注油的过程中人就可以做其他的工作。

【改善效果】
① 无安全事故。
② 提高工作效率和优化人员。
③ 减少劳动强度，提高员工满意度。

6.7 环境 5S 应用之整列化、高效化应用案例

6.7.1 废液回收机构

LCIA 应用 1	废液回收机构	Q **C D** M S
着眼点	• 让废液集中回收到容器。 • 废屑容器更换时也不影响作业。	

改善前

问题点:
1）在机加过程中设备里面的废液与部品一同流出，导致设备和现场四处脏污。
2）废液导致设备维护难和现场安全隐患，员工跌倒等。
3）废渣容器更换时，废液直接滴在地面等。

改善后

LCIA 应用:
1）在出口安装导槽，让废液自动流到导槽中，也可以通过气体将废液吹向导槽中。
2）在废渣容器更换时，杠杆槽暂时存放废渣和废液，以免直接掉入地面。

【改善效果】
① 提升工作效率。
② 现场 5S 效果提高，地面无油污。
③ 设备干净整洁，员工的满意度提高。

6.7.2 废渣均匀处理机构

LCIA 应用 2	废渣均匀处理机构	Q **C D M** S

着眼点
- 让废渣均匀分到容器里。
- 不用员工专人看管。

改善前

问题点:

1) 有 8 台同样的设备,每台设备废渣处理需要 1min32s,每天需要 256min 进行废渣处理,其他时间就是往返走动,不及时处理废渣就会堵住设备的出口。

2) 操作员不停地往返在这 8 台设备间,劳动强度很大,环境恶劣,比较脏。

改善后

LCIA 应用:

1) 废渣从设备出口出来后进入杠杆分料盘偏心机构,当达到一定的重量时,分料盘里面的废渣就会偏向一边倒入废渣容器里,物料自重驱动凸轮旋转机构进行多方向旋转。

2) 杠杆分料盘下方采用凸轮机构,凸轮机构在重力和弹力的作用下间歇式地旋转,从而均匀地将废渣倒入废渣容器,不用人工干预,容器满后,换容器就好。

【改善效果】
① 优化作业人员。
② 减少劳动强度,提高操作员满意度。
③ 设备干净整洁,员工的满意度提高。

第 6 章　低成本自动化在八大领域中的应用

6.7.3　废屑处理机构

LCIA 应用 3	废屑处理机构	Q C **D** M S

着眼点
- 让部品里面的废屑掉到容器里。
- 提高作业效率和品质。

改善前

问题点：

1）废屑与部品参和一起，操作员作业时要将废屑处理掉才可以进行作业，处理后的废屑没有地方暂存。

2）处理后的废屑再次污染到部品，影响作业效率和品质。

改善后

LCIA 应用：

1）将部品容器底部换成网状的斜面，废屑通过小孔掉入下面。

2）下方安装一个抽屉式容器，废屑掉入里面后，每天处理一次，方便员工操作。

【改善效果】
① 作业效率提高。
② 减少品质隐患。
③ 现场干净整洁。

6.8 现场(信息)管理应用之数据化、目视化应用案例

6.8.1 物料可视化机构

LCIA 应用 1	物料可视化机构	Q C **D** M S

着眼点
- 让物料的状态一目了然。
- 及时进行补料。

改善前

问题点:
1) 设备物料容器比较高,不能一目了然地看到里面物料的情况,导致物料人员经常要拿小梯子去查看,耽搁时间。
2) 经常出现无料停机的情况。

改善后

上方可视化　侧方可视化

LCIA 应用:
1) 在上方和侧方都进行可视化,一目了然可以看到物料的状态。
2) 通过杠杆和连杆机构,通过重力驱动,随着物料的减少,重力减小,杠杆连杆发生变化。

【改善效果】
① 提高作业效率,不用专人看管。
② 一目了然,减少停机。
③ 提高员工的满意度。

6.8.2 高空阀门调节机构

| LCIA 应用 2 | 高空阀门调节机构 | Q C **D** M S |

着眼点
- 不用爬到高空进行调节。
- 减少安全隐患。
- 提高作业效率。

改善前

问题点：
1）员工要专门从工具房将梯子拿过来进行高空阀门调节，非常不方便，梯子在车间穿梭的过程中很容易碰到其他设备。
2）高空作业危险，需要同事协作，扶好梯子，防止下滑。

改善后

LCIA 应用：
1）在调节阀上加装链条，操作员在地面用力拉链条，调节阀就会旋转。
2）同时在调节阀的轴上安装一个尼龙绳，与下方的揭示板连接一起，揭示板上会显示旋转多少圈，通过圈数呈现是关闭状态、1/2 开启状态，还是最大开启状态。

【改善效果】
① 提高作业效率。
② 对调节阀的状态一目了然。
③ 减少安全隐患。

6.8.3 数据可视化机构

LCIA 应用 3	数据可视化机构	Q C **D M** S

着眼点
- 让管理者知道现场的实际情况。
- 让员工知道自己的工作状态。
- 找到问题真实原因进行改善。

改善前

问题点：
1）一条生产线生产的状态不清楚，每天的产能不同，有时相差很大，管理者无法找到影响产能的真实原因，无法达成标准产能。
2）一条线上有很多员工，无法判断是哪位员工造成了产能未达标。员工都按照自己的心情等作业，心情好做得就快，太随意，没有明确的工作目标。

改善后

LCIA 应用：
1）开发电子看板，了解每时每刻的生产状态，采集到每小时生产状态和各工位的实际情况。
2）对各工位的每个循环进行电子看板记录，查看是否在规定的时间内完成作业，如果没有完成作业，分析未完成的原因，从而进行改善，同时也可以看到本工位在本工厂同样的工位中排多少名。

【改善效果】
① 提高作业效率。
② 数据激发人的好胜心理，提高员工工作积极性。
③ 提高员工的满意度。

6.8.4 看板可视化机构

LCIA 应用 4	看板可视化机构	Q C D M S

着眼点
- 看板柔性，移动方便。
- 看板美观，材料可重复使用。

改善前

问题点：
1）看板采用角铁焊接而成，背后采用铁板然后进行喷涂，张贴不方便，后期更换比较困难。
2）移动不方便，不用后拆卸比较麻烦，不能再利用。

改善后

LCIA 应用：
1）用铝合金精益管快速组装，效率高，成本低。
2）比较轻巧，可以快速移动。
3）拆卸后材料可以再利用。
4）采用 KT 板、PVC 板、PP 中空板等材质，比较轻，成本低。

【改善效果】
① 快速装卸，效率高。
② 成本投入低，环保再利用。
③ 美观轻巧，移动和改装方便。

第7章 低成本自动化实施六大套路

体系构建，持续改善
落地为根，渗透为王
三台共建，魅力无限

本章主要内容：
- 低成本自动化团队构建
- 低成本自动化体系构建
- 低成本自动化实施方向
- 低成本自动化推行策略
- 低成本自动化行动计划
- 低成本自动化爱的发愿书

7.1 低成本自动化团队构建

没有组织就没有战斗力，企业要将一件有价值的事情渗透到企业，说起来容易，实际执行起来非常困难。但是为了拥有更好的未来，必须要上下齐心协力，才能将有价值的事情渗透到每一个组织细胞。

企业在推行 LCIA 过程中首先要建立一个高效的组织，要分工明确，目标明确，同时要有一位强有力的推手——在企业中具备一定影响力的人物，即组织的领导，他将决定这件事情的成败。组织的领导要赋予组织团队的灵魂和使命，一支没有灵魂的团队，无法凝聚在一起，无法战胜一切困难。组织的好坏也是决定这件事情是否能顺利展开实施的关键因素，因此组织团队的构建非常重要。

组织成员选拔很关键。组织里面每一位成员选拔都需要谨慎斟酌，不是拍脑袋就选拔出来的，要从企业发展的角度还有个人的思维、意愿度和技能等多维度评选。一个组织的人有三种：①自燃型的人，不说他就会主动去找事做，非常有热情并喜欢这份工作；②可燃型的人，在组织领导和团队的影响下，他很快就点燃自己，投入工作中，为组织尽微薄之力，同时提高自己的心智和技能；③不燃型的人，无论如何进行沟通和激励，他都难以融入团队，甚至给组织带来负面的影响，这种类型的人是不可以进入 LCIA 推行组织里的。

选拔 LCIA 组织的成员主要从三个角度进行：

第一是思维方式。组员平时是一个积极阳光正向思维的人，面对困难或挫折，敢于承担责任、挑战和不断反省，而不是抱怨和推诿，这将是选拔组员的前提条件。曾经有一家优秀的企业在推行 LCIA 时，选拔了一位自动化水平很高的工程师参与到项目里，他人不坏，但每当遇到问题就抱怨"公司不给资源，申请买东西半年都回不来，叫我们无法干活"，影响团队士气。为了项目顺利地展开，我就找到他本人进行沟通，找到问题的真正原因。我经过了解后得知，有一次他申请一台自动化设备，领导让他评估一下自动化设备投资回报，结果他做不出来，其实只是因为一线员工抱怨说操作不方便，所以他就想用自动化设备解决。领导认为投资太大，而且有风险，领导希望他能用一些简便的机构实现，可是他就一根筋，从此就与领导"杠上了"，做任何事情遇到只要采购不批就开始抱怨。经过多次沟通他还是改变不了自己，因此最后我建议暂时不用他参与到 LCIA 组织中或者将其边缘化。组员的思维方式是决定成败的关键。

第二是热情。只要组员对这份工作或角色感兴趣，只要喜欢，就会有奇迹发生。若是没有兴趣和喜好，就要想办法去培养和激发组员的热情，让他爱上这份工作，赋予使命和愿景。

第三是技能。推行 LCIA，若其组员对精益了解或是精益"发烧友"，那就好办了，因为 LCIA 的前提就要用精益的思维进行，这样组员很容易达成共识，更好地辅助于精益落地或渗透。另外若组员对机械、电气有一定的知识和实战能力，那就更完美了。不过一个人不可能什么都具备，因此需要一个团队，只要思维方式是正能量的，热情和技能都是可以培养的。

我在一家世界 500 强企业推行 LCIA 时就发现这样一名员工。每次去辅导时他都会找上我讨教一番，总是问是不是哪里做得不够好、是不是设计不够好等，而且他经常大胆地去想、去挑战新的机构，在短暂的 6 个月他带领小组做了几十个 LCIA 机构，而且每一个 LCIA 机构都要与原来的机构应用有所不同，不断尝试和创新。同时他善于帮助别人，愿意去分享自己的经验。我就建议企业把这位员工拉到 LCIA 推行组织，赋予他使命，让他成为公司 LCIA 代言人，培养他成为公司 LCIA 教练，去传播 LCIA，让更多的企业员工了解 LCIA 并辅导他们去实施。企业平台成就了他，他在这样的企业发挥了自己的特长并实现了自我价值。

1. LCIA 组织架构

企业推行 LCIA 组织架构（图 7-1）供参考，也可根据企业实际情况而定。

2. 组织成员职责

（1）LCIA 组长和副组长职责（中高层领导，具有一定的影响力）

① LCIA 战略方针及目标设定。

② LCIA 改善项目规划。

③ LCIA 项目宣导及目标跟进与检讨。

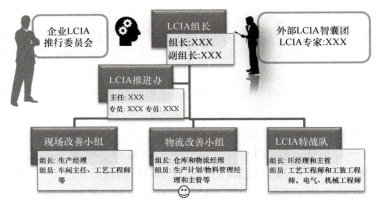

图 7-1 企业推行 LCIA 组织架构

④ 赋予组织使命和资源支持协调。

⑤ LCIA 项目实施监督及重要会议参与。

（2）LCIA 推进办主任职责

① 承上启下，落实组织给予的目标和任务。

② LCIA 项目推进组织管理及项目组员评价。

③ LCIA 项目计划、进度、目标跟进与检讨。

④ LCIA 项目管理和资源协调。

⑤ LCIA 日常工作管理（会议组织等）及维护。

⑥ LCIA 改善人才选拔及培养。

⑦ LCIA 渗透体系构建。

⑧ LCIA 大赛组织及策划等。

（3）LCIA 推进办专员职责

① 协助推进办主任完成各项目目标。

② LCIA 项目资料整理及会议输出整理。

③ LCIA 改善项目策划与方案评审。

④ 辅助各区域 LCIA 项目挖掘和 LCIA 提案跟进及实践。

⑤ LCIA 理念的宣导及人才培养。

⑥ LCIA 知识体系推广。

(4) LCIA 各区小组职责

① 挖掘区域内的潜在 LCIA 机会点。

② LCIA 实施课题执行计划制订。

③ LCIA 方案设计与制作。

④ LCIA 方案验证与推广。

⑤ 区域内 LCIA 知识、工具方法的宣导与培训。

3. LCIA 作战室

企业要想真正地将一件有价值的事情持续推行下去，仅有组织还不够，需要营造一种紧张、高效、务实、奋斗、挑战、责任的磁场，进入这个磁场就能感受到一种能量，快速投入到 LCIA 工作中。一个有战斗力的团队，他们一定会有一个战斗力的磁场，因此企业推进 LCIA，就要构建一个 LCIA 作战室或精益 LCIA 作战室，就像军队打仗一样，有一个指挥中心（图 7-2），便于统筹管理和部署。在作战室，推进办组织主要成员和专家顾问等在这里工作，了解企业 LCIA 整体推进情况（目标、进度、责任人等信息），便于高效沟通和执行。

图 7-2　指挥中心

精益 LCIA 作战室（图 7-3）的硬件设施和软性看板目视化信息可参考以下内容进行设计：

1）硬件设施：办公桌椅、办公用计算机、会议桌椅、投影设备、白板及白板笔、看板、文件柜、摄像机（或手机、iPad）、打印机、钟表等。

2）软性看板目视化信息：项目里程碑、LCIA 项目整体规划、LCIA 改善实施计划、LCIA 项目 KPI、改善 A3 报告、LCIA 推进组织架构及联系方式、LCIA 人才培养计划、改善十大原则、LCIA 经营理念和使命等。

图 7-3　精益 LCIA 作战室

7.2　低成本自动化体系构建

一件有价值的事情，为什么大部分企业都推行不下去，最后都变成一场"运动会"？主要原因还是从上到下没有认识到它的价值，大部分都停留在"口号"和"语言"，没有付诸行动。不过也有一部分企业真想做，只是没有方法和套路。若是真想把一件有价值的事情持续下去，体系非常重要。否则换一位领导，他对此事的认知不同，那重视程度就不同。为了不想让前期推行的事情推倒重来，建体系是最好的保障，让全体员工养成良好的工作习惯，无论谁来接手，只是锦上添花，让这件事情越做越好。

要将 LCIA 渗透到企业每一个角落，不仅仅只是一个 LCIA 机构落地，而是要在企业生根发芽，持续改善，让人人都拥有低成本改善的理念和思维。构建 LCIA 体系的三大核心如下：

1. LCIA 支撑系统

1）LCIA 建立共识。通过 LCIA 专家培训分享、LCIA 标杆研修、LCIA 高峰论坛、LCIA 展会及改善大会等让企业高层、中层、基础管理

第 7 章 低成本自动化实施六大套路

者等人员达成 LCIA 共识。经常说,合伙先"合心",推行一件有价值的事情,不是那么容易,若是上下对 LCIA 认知差别很大,很容易就会导致 LCIA 项目"流产",最终就会变成互相抱怨,领导说"员工无能",员工抱怨"领导不重视,没资源、有偏见"等。因此通过构建共识变成大家要做,而不是某些人想做。

"攻心"是一切变革的基础,上下同心对 LCIA 产生兴趣,没有兴趣的改善不会持久。在国内现阶段 LCIA 资源比较短缺的年代,如何快速让企业高中基层管理者达成共识呢?不同的层别,需要掌握的 LCIA 知识和工具方法侧重点都有所不同,因此通过"LCIM 低成本智造策略"训练,让企业高层认识到 LCIA 是这个时代企业发展的必然产物,也是未来制造的发展趋势,使其掌握共同的术语,从而不会在上下沟通时,造成沟通成本的浪费,而且可以快速了解对方的想法,便于准确地给予支持和决策;中基层实操人员通过"LCIA 实务与应用"和"LCIA 系列实操技能训练"课程提升 LCIA 实践技能;一线员工通过学习"LCIA 改善心法"或"低成本改善提升自我幸福感",参与 LCIA 项目,提出需求和关键点风险控制等,协助中基层 LCIA 专家组人员做好 LCIA 项目攻关与实践。

2)LCIA 人才培养。通过 LCIA 专家培养出内部 LCIA 种子和中高层低成本智造运营高手。例如,通过内外 LCIA 讲师培养企业 LCIA 人才,对不同级别的人员进行不同级别的训练,并制订实施计划,将知识转化为生产力,进行跟进辅导。

3)LCIA 人才认证。企业应阶段性地开始人才认证活动,对不同级别的 LCIA 技能人才实施级别认证:①初级:LCIA 工程师,类似 IE 工程师;②中级:LCIA 改善专员;③高级:LCIA 教练;④专家级:LCIA 内部顾问。为企业储备 LCIA 人才,构建 LCIA 人才梯队,让 LCIA 爱好者或参与者有阶段明确的目标,将 LCIA 级别与晋升和薪酬体系挂钩,方可持续推动。

4)三台构建。将 LCIA 渗透进企业,将最终形成企业的核心竞争力,因为 LCIA 是结合企业本身的业务制作的机构,外面市场上购买不到,积少成多最终就实现了"有智慧的生产系统",并且打造了一支快速解决问题和响应市场能力的组织,就如当今的丰田。为什么丰田的利润比全球三大汽车巨头的利润总和还要多,这就是丰田低成本智造及其他核心竞争力实践的成果,这是必然。总之需要企业做一些投入,构建三个平台。

① 搭平台。为全体员工提供展示与实践的平台,提供LCIA资源,如培训的机会、研讨会、标杆研修、展会等,促进全体员工成长,提升自己的同时为企业创造价值。

第一,在条件允许的前提下,企业内部建一个LCIA道场(图7-4)或体验中心,组织全体员工进行观摩,不断开发员工的智慧,启发员工的思维,提倡以"传、帮、带"等形式开展各种LCIA活动,经常开展分享活动,从而快速提高员工LCIA的技能和解决问题的能力。

图7-4　LCIA道场

第二,搭建LCIA信息化平台,为员工提供LCIA提案的快速通道或问题执行平台,调动员工的积极性,营造公平、公正、透明、分享的企业文化,让员工感受到被尊重,个人价值能实现。同时,利用该平台能提高管理人员的工作效率,使其对LCIA项目进度了如指掌,也可以快速给予一些支持和服务,在需要的时候与员工一起投入LCIA战斗。

② 建舞台。企业现场提供给员工实践的场所和实践的机会,员工把好的创意付诸实践,减轻同事的劳动强度和让他更轻松地作业,从而提高效率和品质,同时自己的能力也得到了提升,一举三得。这样实践的工作场所就是LCIA工作坊或LCIA月光工作室(图7-5),这样员工好的创意就有地方来实现,企业提供物料、工具、设备等。在日本几乎每

家企业都有这样一个实践场所，有想法就快速低成本付诸行动，符合精益的理念和精神。这是一种高级的改善方法，它秉承的原则是：我需要，我设计，我制造，我使用。

图 7-5　LCIA 月光工作室

③ 打擂台。为了将 LCIA 发扬光大，使其渗透到企业每一个角落，让更多的员工愿意参与进来，先用组织的力量，开展季度、半年度、年度 LCIA 分享活动及"机构王"大赛（图 7-6），营造企业全员 LCIA 改善氛围，通过员工微信投票和 LCIA 专家评委评选等选拔出冠军"机构王"，挖掘出企业优秀的 LCIA 人才。若是企业是集团式的，应用人性好胜心和好奇感，年底号召各公司将其"冠军机构"拿到集团平台或社会平台上再进行比赛，让"机构王"得主无比自豪——因为 LCIA 找到了自我的价值和被关注的感觉。

图 7-6　"机构王"大赛

2. LCIA 项目改善系统

面对激烈的市场竞争环境，很多企业高层都想能快速见效。LCIA 是否像在日本制造业那样真的那么好，需要在中国市场进行验证。企业导入 LCIA 项目，把时间和资源先集中到 LCIA 项目上，就会让企业高层和员工感受到意想不到的效果。比如某世界 500 强家电企业导入 LCIA，先从 LCIA 培训开始，每个学员培训完毕后完成至少两个 LCIA 改善机构，当给企业带来了效益，如人员优化、操作员效率提升和品质提升，同时学员也获得了一线同事的赞美和尊重，因此线体的线长、拉长也主动要求参与 LCIA 项目，他们感觉降低了劳动强度，操作员工作更轻松，笑容也更多了，提升了大家的幸福感和员工的稳定性。

通过 LCIA 样板线导入，梳理出 LCIA 机会点，制订 LCIA 项目实施跟进计划表（表 7-1），有计划地分步骤实施，线体工程师和员工参与设计并制作，LCIA 专员指导并进行 LCIA 机构评审，将 LCIA 机构落地。再将样板线 LCIA 机构水平有计划地推广复制和经验分享。另外再在其他区域进行 LCIA 诊断，挖掘 LCIA 机会点，再形成项目推进计划进行管理落实。

3. LCIA 日常改善系统

为了让 LCIA 渗透到企业每一个角落，日常改善也不能忽视，要让全员享受 LCIA 带来的丰富成果，实现员工的自我价值，使其找到工作的乐趣。不断宣导 LCIA 理念、方法、工具等，开展各种知识有奖活动或疑问解答活动。

1）通过 LCIA 提案改善表（表 7-2）来快速收集员工的诉求，充分发挥员工的智慧。让员工拿着 LCIA 机会点挖掘表格到现场进行逐工位的观察和确认，进行 LCIA 提案改善。由 LCIA 组织专员集中收集、统计、分析、评价、反馈，跟进 LCIA 提案改善项目等。

2）日常会议系统。任何企业要想将 LCIA 渗透到企业每一个角落，前期定期召开会议是不可或缺的，因为大家都很忙，不可能自发地聚集在一起进行商讨，一定要定期安排会议，如日会议、周会议、月会议。日常会议的原则是：有事才会、会而要议、议而要决、决而要行。周而复始，不断坚持。阶段的重点会议需要高层领导参与，一定要提前邀请，让会议更具有针对性和效果。具体周会议标准作业如图 7-7 所示。

第 7 章 低成本自动化实施六大套路

表 7-1 LCIA 项目实施跟进计划表

说明	方案设计	方案评审	采购制作	验证投入	方案总结	实施进度											
						1月				2月				3月		…	12月
	◇	○	#	●	○	W1	W2	W3	W4	W5	W6	W7	W8	W9	W10	W11	W12	…	W52
序号	工程名称	图片或影像	问题点	改善方向	责任人												
1																	
2																	
3																	
4																	
5																	
6																	
7																	
8																	
9																	
10																	

表 7-2　LCIA 提案改善表

提出者	部门		日期	
	姓名		领导签字	
改善对象				
目前存在的问题	员工语言：累□　难□　险□　脏□			
问题点现状描述（5W1H）				
希望解决哪些问题，目标是什么				
改善前照片或视频				
改善的方法				
改善后（照片）成果描述				

周会议	参加对象	会议目标
日期：星期五 频率：每周 时间：16:00—17:30	必参人员：LCIA项目组长、LCIA推进专员、各部门LCIA推进专员、制造部经理 可参加人员：企业中高层	1. 回顾项目的推进进展 2. 项目沟通及资源协调 3. 分享LCIA经验教训 4. 后期行动计划
输入		输出
1. LCIA项目A3报告 2. 主要问题列表 3. 新LCIA机会点 4. 课题分享		1. 后期LCIA行动计划表 2. LCIA项目A3报告 3. 一点课
会议日程	KPI	会议准则
1. 回顾本周实施进度 2. 问题事项分析及确认 3. 对策和方向评估 4. 行动计划 5. 风险和资源支持	1. 资料提交及时率 2. LCIA项目参与率 3. LCIA改善计划完成率 4. LCIA人才培养人数	1. 准时 2. 包容 3. 尊重 4. 共识 5. 一人发言

图 7-7　周会议标准作业

7.3　低成本自动化实施方向

没有目标和方向的改善，就像"无头的苍蝇"，最终不会有好的结果。在企业 LCIA 改善活动推进时，有一个明确的方向对大家来说非常重要。

1. 组装作业领域 LCIA 改善实施方向

由于离散型企业现场人员多、搬运多等,从而对 LCIA 的需求就多,而连续型企业大多数以设备为主,人员或搬运相对较少,因此重点介绍电子组装等离散型行业的特点。推行"机械换人"是一个循序渐进的过程,需要精益理性分析后,充分使人力与 LCIA、简易自动化、先进技术自动化等相结合,而不是全换。

组装作业特点是:劳动密集型、依赖人工作业;LCIA 改善实施方向是:将原来传统的 9 个动作通过精益优化和 LCIA 导入等,最后变为 5 个动作。组装作业基本以人工为主,提高工作效率和品质不依赖人的技能程度,只要是正常的人在上岗几天后都能顺利地保证高效作业,因此需要借助 LCIA 机构辅助(工装治具防错及快速切换、物料手元化和工具道具化及手元化等),使人机有效结合,发挥人的柔性价值等。通过实施部品整列化、部品齐套、工具道具高效化、弹夹式部品供给、一键快速换工装等,来提高组装作业的效率并保证品质。操作员作业时就像医生做手术一样正确、迅速。基于这些,组装作业的流程导入 LCIA 改善实施方向(图 7-8),让操作员的组装作业更简便。

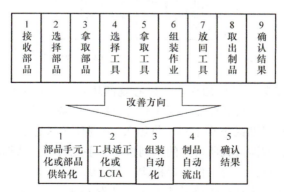

图 7-8 组装作业的流程导入 LCIA 改善实施方向

2. 机加作业领域 LCIA 改善实施方向

机加作业的特点是:以设备为主加工制造;LCIA 改善实施方向是:

由传统的10个动作通过精益优化和LCIA、自动化导入等变为5个动作。在机加作业时，操作员的劳动强度大，品质不稳定，安全隐患相对于组装作业较多，工作环境相对恶劣。如何降低员工劳动强度，保证品质并减少安全隐患呢？通过导入LCIA机构和设备改造（使设备窄而深、自动夹紧和自动返回等），让人与设备有效结合，从而释放人的能量，使人去做更多有价值的事情，让设备做加工并自动弹出加工好的工件，上道工序工件流出口就是下道工序工件的入口，使距离最小，这样一名员工可以同时操作几台设备，不用依赖熟练工，一般普通员工都能做好这份工作。基于这些，机加作业的流程导入LCIA改善实施方向（图7-9），让操作员进行作业着着化。

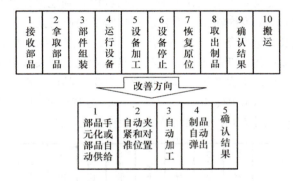

图7-9　机加作业的流程导入LCIA改善实施方向

无论时组装还是机加作业，核心就两块：一个是供料，另一个是组装或加工。例如机加作业主要要素有上料、设备自动加工、下料、检查、传送。物料部品怎么上料（供给），呈现什么状态供给才会让操作员效率更高，就涉及我所讲述的整列机构、手元机构、精细机构、上下料及空箱回收机构、跨工位传递机构、传送机构等。部品加工时在保证品质的前提条件下如何提高效率？可以开发LCIA工装治具、设备自动加工及卸下、安全防护、防错等机构。如图7-10所示，通过机加作业改善策略，最终实现少人化。

第 7 章　低成本自动化实施六大套路

自动化等级		上料（着定位）	设备运转	下料（脱取出）	检查	送料到下工站	备注
1	人工操作	☺	☺	☺	☺	☺	一只手当治具，另一只手单手作业
2	人机配合	☺	☺	☺	☺	☺	机器或支局定位，双手作业
3	自动加工	☺	⚙(LCIA)	☺	☺	☺	人看守设备
4	着脱化	☺	⚙	☺	☺	☺	人机分离
5	着着化	☺	⚙	⚙	☺	☺	人机分离
6	工序着着化	☺	⚙(LCIA)	⚙	⚙	⚙	着着化+LCIA自动检查
7	流程着着化	☺	⚙(LCIA)	⚙	⚙	⚙	工序着着化+LCIA自动搬运
8	加工自动化	⚙	⚙	⚙	⚙	⚙	实施简易自动化和先进的自动化，自动化程度高，对定位等精度要求高，成本投入大
9	工序自动化	⚙	⚙	⚙	⚙	⚙	
10	流程自动化	⚙	⚙	⚙	⚙	⚙	

注：☺ 表示人工作业；
⚙(LCIA) 表示LCIA机构；
⚙ 表示自动化设备。

图 7-10　机加作业少人化

在推进 LCIA 或简易自动化、先进技术自动化的过程中要思考如何做到人机分离。人机分离是指设备自动运行时，操作员可以操作另一台设备或另外一个工序的工作。这样操作员就不用等待或监视设备运行状态等，避免操作员成为设备的"守护者"。例如，增加设备异常检测装置和异常自动停止装置，当设备或制品出现异常，设备就会自动停机。

人机分离的第一阶段就是所有的工作由手工完成，如图7-10所示的1~2步，需要多能工或依赖廉价的劳动力和熟练的技能。第二阶段是部分手工作业交给设备或LCIA来完成，将机械式加工作业直接交给设备来完成，如图7-10所示的3~4步。第三阶段就是将更多的工作交给设备或LCIA来完成，此时操作员只需要拿取工件、检查、放置工件、按下开关，然后离开此工序，这就是所谓的人机分离，也是如图7-10所示的5~7步，应用大量的LCIA机构辅助才能完美实现，从而达到一个人操作多台设备的目的，优化人员达到少人化，如图7-11所示，一个人操作多台设备。有了前面良好的技术基础和管理基础，再逐步地实现简易自动化和先进的自动化，实现少人甚至"无人"，这是一个逐步升级的过程。很多企业的高层急功近利，希望一步达到7~10步，实现全自动化，就是将操作员改为机器人，就是所谓的"机器换人"。这种风险很高：①开发的设备基于功能需求，没有真正了解工艺流程等。比如中山某五金厂，2016年我去现场调研，发现冲压设备没有经过逐步升级的过程直接上全自动化，投入了约200万元，最后变成客户的参观线（客户来时就开启，走后企业就换回原来的手工作业），效率是原来手工作业的1/3。②管理水平还在2.0以下，如何能驾驭制造水平的3.0或4.0呢？比如当自动化设备出现异常，我们是自己维修保养还是让设备开发商过来呢？

图7-11　少人化机加作业

3. 物流领域 LCIA 改善实施方向

物流对于制造业来说也是非常关键的领域，若是在企业现场发现仓库堆积如山，四处都是堆放的半成品，则说明企业的精益一定好不到哪里去，企业有很多改善的机会点。物流就像"人的血管"一样，当血液畅通时说明人体健康，企业效率高，投入成本低，若是哪里堵塞就会出现胀疼等各种症状，而企业现场若是出现堵塞，一定是出现了异常或不合理。物流不仅影响作业的效率，同时也会影响交付和资金周转。这里我们主要针对内部物流改善。过去是人工点对点的搬运，现在大多是人工"水蜘蛛"搬运，未来就是 LCIA 或自动化 AGV 和 RGV 搬运。

内部物流作业 LCIA 改善实施方向是：从传统物流 9 个作业要素（人工搬上搬下）到最终优化 5 个作业要素（自动上下）。通过导入 LCIA 自动搬运到移动周转车、自动移载、自动卸货、容器回收、自动搬运入库等，最终实现物流人员优化，减轻物流员工劳动强度，从而实现物流作业 LCIA 改善，如图 7-12 所示。

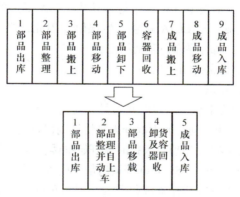

图 7-12　内部物流作业 LCIA 改善实施方向

7.4　低成本自动化推行策略

想让 LCIA 渗透到企业每一个角落，需要方法和套路，需要循序渐进逐步去推动。在国内推行 LCIA 不像推行精益生产相对来说比较成熟，

LCIA 目前整体情况比较薄弱，需要时间和实践的积累。很多管理者对 LCIA 都比较陌生，总是从字面上去理解 LCIA，大部分人对 LCIA 产生了误区，认为 LCIA 就是"精益管""成本低的自动化设备"等。更何况一线基础的管理者和员工，他们对 LCIA 了解更少。由于每个人对 LCIA 认知不同，重视度和参与度也不一样，甚至有些领导认为"低成本自动化"不像"智能智造"那样"高大上"，全球都在推行智能智造，那低成本智造岂不是过时了。各种见解和想法都有，这都非常正常，对任何新鲜事物都需要一个认知的过程，LCIA 也不例外，很多领导都会质疑其效果，要求先做出来让我们看看，甚至有些领导就是"拿来主义"，让第三方供应商做好了拿过来用，眼见为实。LCIA 不是一件标准的商品，好不好用还是要结合自己本身的业务，第三方若是看一眼就能制作出很好用的机构，那岂不是自己多年没有解决的问题，别人一眼就解决了？太容易了吧！第三方若是不懂业务流程和精益，做出来的机构也只是满足功能需求，而不是围绕操作员设计的机构，导致操作员不喜欢用而告终。结局就是领导说 LCIA 不好，认为 LCIA 不是像日本那样真正服务于员工和企业，对 LCIA 就会产生误解。因此，推行 LCIA 需要一定的策略和方法，同时要谨慎邀请第三方。

LCIA 推行渗透需要五个阶段。

1. LCIA 导入阶段

LCIA 导入阶段很重要，好的开始是成功的一半。精益领导力其中一个范式就是慢计划快行动，而大部分人是快计划慢行动，急功近利，经常做事靠感性"拍脑袋"，当项目夭折时就开始推诿，找"替罪羊"，无论企业推行精益、六西格玛、5S、ISO 等最后都变成流于形式，值得反思。

1）LCIA 导入阶段选择资源很重要。尽量理性去思考，无论是用内部资源还是借助外部资源，都不能蒙蔽了双眼，站在最终目标角度去思考。比如某世界 500 强企业由于前阶段投资智能智造遇到了很多困难，投入上亿元的生产线无法"驾驭"，效率不高、品质不稳定、设备也不稳定，带来了很多后续问题，也不知道多少年能收回成本。听说 LCIA 好，就计划把 LCIA 作为未来 5 年的战略之一，通过网络看到某人说自己是"LCIA 第一人"，就相信了，于是请这位"高人"到企业进行培训

第 7 章 低成本自动化实施六大套路

和辅导,半年后所谓的 LCIA 样板线变成了 5S 样板线,为什么呢? 因为领导请到"高人"半年后 LCIA 样板线没有一个 LCIA 机构的影子,领导担心老板知道,自己又要给老板一个交代,就死要面子号召大家要听"高人"的,买油漆回来刷地面,把样板线弄得整齐好看,这样老板来了还是过得去,反正老板不懂 LCIA。而"高人"告诉领导说:"我们在××世界 500 强工作期间,LCIA 推行得多么好,你们这里做不好,不是我能力不行,是你们员工太差。"的确"高人"看起来经验丰富,但"经验丰富"并不代表就可以做好 LCIA 项目。当"磁场"发生变化后,方法等都要发生变化,企业好的环境氛围可以给 LCIA 推行提供良好的土壤。该世界 500 强刘主任等中高层听过我讲述 LCIA 若是想落地,首先中高基层对 LCIA 达成共识,中层及工程师要懂得 LCIA 的基本原理,如 8 大基本机构和 8 大动力源及机构设计套路等。如果这些都不懂,请问如何动手实践呢? 他回去提出要求让"高人"给他们培训 LCIA 基础,结果半年过去了,这位"高人"也没有给予他们类似基础的培训。此段我并不是贬低"高人","高人"有他存在的道理,若是大家动手能力很强,请"高手"过来指导一下也是挺不错的。企业在不同的阶段,要理性去选择不同阶段符合自己的外部资源,哪怕多投入一点时间也值得,只是不要被市场蒙蔽了眼睛。

2) LCIA 导入阶段上下建立共识非常重要。要借用内部专家具备影响力的人物或外部专业的 LCIA 专家系统客观地分享 LCIA,条件允许的话在 LCIA 项目启动会时做一场"LCIA 战略与推行策略"的培训,引起大家的重视。当中高基层管理人员在一个频道上理解 LCIA,后续推动 LCIA 就会非常容易。比如世界 500 强惠而浦集团顺德惠而浦家电制品有限公司就是一个非常好的例子,第一次 LCIA 导入培训(图 7-13)时,总经理、精益总监、人力资源经理、生产经理、设备经理、工程经理等几乎全程参与。课程期间,他们还经常与老师进行互动,把自己设计的方案和想法与老师进行碰撞,这种学习的精神和重视程度值得很多企业学习。在推行 LCIA 项目中经常会遇到企业中高层说"很忙,请老师多多包涵!"只能说他们对 LCIA 重视度还不够。而惠而浦在培训导入半年后就开始了第一回"机构王"大赛,取得了显著的阶段性成绩。

图 7-13　LCIA 导入培训

3）LCIA 推进组织人员选拔很重要。LCIA 推进组织人员也是关系到项目成败的关键因素。在导入阶段，企业要多维度地去评估未来推进组织人员，而不能开始让此人担任，后续由于其他原因把他调走，这样不仅会增加沟通成本，还会影响 LCIA 推行进展等，一开始就要想好，专职进行。推进组织人员要有阳光思维、利他思维，充满正能量，同时对精益或 IE 有一定的了解，具有一定的沟通协调能力等，若是再对 LCIA 感兴趣就更好。

4）LCIA 项目成员也重要。推行 LCIA 不是人力资源部、精益革新部或老板的事情，而是制造部门的事情，若是制造部门管理人员不理解、不支持，再好的工具和方法也是付诸东流。因此制造部门相关领导或工程师也要成为 LCIA 项目的成员之一，围绕制造部门的目标去开展工作，推行起来就容易很多。

5）LCIA 项目导入阶段造势很重要。生活需要仪式感，在国内推行项目也是一样，符合国人的文化。让企业上下都知道公司非常重视 LCIA 项目，营造这种氛围，让领导和员工无路而退，全力以赴。例如，通过 LCIA 项目启动会，进行宣传；通过相关负责人宣誓，让每个人都有责任感；建立 LCIA 作战室营造"LCIA 磁场"，让每个人到作战室都有使命感。

2. 试点推行阶段

当氛围营造后大家就要齐心协力，集中有限的资源先做出样板，无

第7章 低成本自动化实施六大套路

论是选择样板线还是一些特殊可复制的点，总之快速行动起来。挖掘 LCIA 机会点，制订行动计划表，严格执行。阶段成果出来及时进行总结、表彰和分享，如图 7-14 所示。

图 7-14　成果发表会

3. 复制推广阶段

将试点推行阶段的成果快速在车间水平展开复制，不仅是硬件的复制，更重要的是试点推行阶段的思维模式、LCIA 推行方法等的复制。挖掘 LCIA 种子选手，进行第二批 LCIA 人才训练等。同时导入 LCIA 人才认证体系，进行 "LCIA 工程师、专员、教练、内部顾问" 技能认证。建立 LCIA 道场，让更多员工观摩和体验 LCIA 精髓，不断向员工宣导和渗透 LCIA 理念、工具和方法。

4. 整合阶段

通过前期试点推行和复制推广阶段，识别出更多的优秀人才，同时检讨反省推进过程中的不足。然后进行资源重组，无论是推进组织还是技术资源等，都要重新梳理一遍。充分应用企业内部资源和借助外面资源，全面提升组织快速响应市场和技术提升的能力，打通 LCIA 供应链。无论是客户、合作伙伴还是供应商，专人负责去了解，从而实现多方互赢的局面，构建企业的核心竞争力。就像丰田一样，从全价值链实现低成本智造，如丰田会派内部专家前往供应商处实施 "帮扶" 计划。

企业内部、全集团公司或供应商开展 LCIA，推行办专员可在兼顾内部推广的同时,走出去服务于兄弟公司或供应商,提升自己的LCIA水平。

5. 自主改善阶段

构建全集团、上下游价值链季度、半年度、年度LCIA机构分享大会平台,营造持续自主改善的氛围;也可以定期开展现场采访,了解一线员工对LCIA机构使用过程的诉求和评价;策划组织线上和线下LCIA"机构王"评比活动等。

可以开展LCIA三级自主诊断活动(图7-15):专家诊断、部门经理诊断、总经理或厂长诊断。不断提升自我,挑战自我,持续优化LCIA机构。

图7-15 自主诊断活动

7.5 低成本自动化行动计划

有想法有激情没行动等于零。有行动没计划也不可取,好的想法快速行动起来,需要详细周密的计划,否则在遇到困难的时候不知所措。对于LCIA推行来说,要有策略(先易后难、先重要紧急然后重要不紧急的等),循序渐进地开展非常重要。制订LCIA行动计划表,见表7-3。

表 7-3　LCIA 行动计划表

序号	工序名称	影像照片	存在的问题	解决方向或目标	要素分析（风险点等）	LCIA方案	责任人及担当	计划完成时间	实际完成时间
1									
2									
3									
4									
5									
6									
7									
8									
9									
10									

作为 LCIA 项目组织，也同样要制订行动计划，如 LCIA 项目实施跟进计划表（表 7-1），要严格执行，不断检讨和反省，持续坚持就会将 LCIA 渗透到企业每一个角落。行动是检验 LCIA 成果的唯一标准。

LCIA 项目组织要策划各种活动，比如：每月开展一次 LCIA 道场体验活动，分批次给班组讲述 LCIA 基本原理和改善案例，启发一线员工的智慧，开拓员工的思维；每月开展一次成果发表会等，持续不断地灌输 LCIA 的理念和思维。

7.6　低成本自动化爱的发愿书

大竞争时代，新一代年轻人追求的是生活仪式感，更多追求精神上的生活，因此，为了激发员工的改善热情，想办法提高员工的斗志，尊重员工的智慧价值，要让员工自发自愿地参与 LCIA 改善活动，点燃爱、创造爱、唤醒爱、分享爱、传播爱，从中寻找幸福感！本书设计了 LCIA 爱的发愿书，供读者参考。

LCIA 爱的发愿书

为了提升自我、增强幸福感，发挥 LCIA 爱的能量，构建 LCIA 爱的磁场，抑制以自我为中心的本能，肩负让同事工作更轻松和企业更高效的使命，实现自我价值，为人类社会的进步和发展尽微薄之力，我们要找到 LCIA 改善的机会点，持续改善，为不断挑战自我和磨炼自己的意志而奋斗。

通过 LCIA 实践，去体验爱的力量，点燃爱、创造爱、唤醒爱、分享爱、传播爱，实现自我价值和提高自我幸福感！

一、财富投资目标

我将收入_____元给父母作为孝顺金，投资福报。

我计划参加_____培训课题和看_____本书（书的方向）。

二、LCIA 爱的目标（利他原则，围绕自己如何成长和自己的使命）

我要为公司实现_____项 LCIA 改善项目：

1._____
2._____
3._____

我的 LCIA 爱的宣言是：无怨无悔，充分应用公司的平台，全力以赴实现目标，不断积累自己的经验，更多地帮助别人，从而提升自我！

三、LCIA 技能目标（工程师、专员、教练、内部专家顾问）

我要在_____时间内，通过_____认证。

四、奉献爱的目标（里仁为美）

我发愿在未来一年时间内捐助_____元或_____小时的，不求回报，还要投入感恩公益事业中。

爱的事件：_____

爱的行动：_____

爱的守护人：_____　　爱的发愿人：_____

年　月　日

第 8 章 低成本自动化机构常用构件

选对材料很关键，省钱省事又方便
标准构件多选用，成本维护都不愁
获取构件有讲究，闲置设备先瞅瞅

本章主要内容：
- ➤ 低成本自动化机构构件的来源
- ➤ 低成本自动化机构常用标准构件
- ➤ 低成本自动化机构驱动构件
- ➤ 低成本自动化机构控制构件
- ➤ 低成本自动化机构其他常用构件

8.1 低成本自动化机构构件的来源

LCIA 机构是由各种运动单元组成的构件系统,其中的构件虽然可以完全定制,但是为了降低成本、保证可靠性及后续维护的方便性等,应尽量选用标准构件或通过标准构件去实现某些特殊功能并易于改造的结构构件。为了降本增效,充分发挥员工的智慧,常见的构件来源见表 8-1。

表 8-1 常见的构件来源

常见构件来源	方法	备注
企业内部	1)废旧的设备拆卸出来,进行保养、维修等,需要时拿取使用 2)把闲置设备上的零部件拆卸出来,需要时拿取使用	废旧设备的构件(图8-1)重新利用,环保低碳;闲置设备要征求领导同意方可拆卸
外部购买	1)需求量大的构件应从长期合作的部件厂商购买,可以形成战略合作,后续需要技术支持时供应商也可以及时协助 2)需求量小的构件可从专业代理商或专业平台购买,以便于品质保证和后期维护	标准元器件等尽量找到源头,不仅成本低,而且品质有保证

图 8-1 废旧设备的构件

第 8 章　低成本自动化机构常用构件

8.2　低成本自动化机构常用标准构件

LCIA 改善机构虽然是非标的机构，但是它的构件大部分都是标准构件，否则其制作成本和维护成本将非常高。低成本自动化机构（LCIA 机构）首先就要低成本，因此在选材和用材上都应尽量选用标准的构件。丰田汽车公司为了节约成本，于是找来为他们提供线束的供应商——日本矢崎总业株式会社，借助线束的理念开发出快速柔性拼接的"线棒"。目前市场上常见的线棒、不锈钢精益管件、铝合金管、铝型材及配件，都已成为 LCIA 机构常用的标准构件。

1. 精益管标准构件

随着工业的发展和市场的需求，精益管标准构件也在持续不断地更新，深圳精极科技有限公司率先研发出新一代"精极管"，也称为"三代铝合金精益管"，颠覆了前面两种精益管。其环保耐用、种类繁多，被广泛使用。根据目前市场的情况，表 8-2 对精益管标准构件做了说明。

表 8-2　精益管标准构件说明

代级	名称	图片	说明
一代	复合精益管		标准的复合精益管直径为 28mm，管壁塑胶层采用 PE 或 PVC 塑胶，不环保，钢管壁厚为 0.8mm、0.9mm、1.0mm、1.2mm、1.5mm、2mm 等，颜色有：白色、米黄色、黑色、绿色、蓝色等。一般每根长度为 4m
二代	不锈钢精益管		直径为 28mm，采用不锈钢材料，钢管壁厚为 0.8mm、0.9mm、1.0mm、1.2mm、1.5mm 等，其硬度高、环保、比较重。一般每根长度为 4m
三代	铝合金精益管		直径为 19mm、28mm、43mm，采用铝合金材料，管壁厚度为 1.2、1.7mm、2.3mm 等，还有其他各种形状的，如 C 形、L 形、K 形、M 形等，种类繁多。环保耐用、轻巧便利。一般每根长度为 4m

2. 精益管标准构件对应的接头标准构件

不同精益管对应的接头配件也有所不同，复合精益管和不锈钢精益管的接头配件相对三代铝合金精益管的接头配件来说很少。从未来的发展趋势来看，复合精益管和不锈钢精益管已逐步被铝合金精益管件所替代，因此对复合精益管和不锈钢精益管的接头配件仅简单介绍，重点介绍三代铝合金精益管的接头配件。

1）一代复合精益管的接头配件采用冷轧钢材料，表面镀黑铬或镀亮铬（图8-2）。接头配件分为一般连接构件、角度连接构件、活动连接构件和其他构件等，该接头配件的种类不多，做一些稍微复杂的运动机构比较麻烦，并且运动不是很顺畅。

图 8-2　复合精益管接头配件

一般连接构件（图8-3）有10来种，都是包在复合精益管外面，整体感觉不是很好，而且很容易滑落，选择该类接头配件时最好选有牙纹的，以便于更好地与精益管紧密结合。

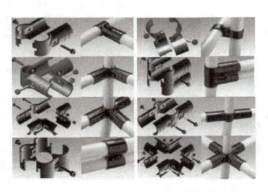

图 8-3　一般连接构件

第 8 章　低成本自动化机构常用构件

角度连接构件（图 8-4）有两种，用于角度的控制连接，如加固斜支撑等。

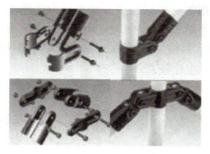

图 8-4　角度连接构件

活动连接构件（图 8-5）可以围绕复合精益管进行旋转运动。

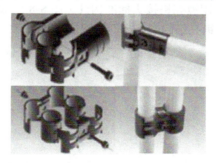

图 8-5　活动连接构件

其他构件（图 8-6），即复合精益管其他衔接标准件，特殊的功能如悬挂工具、定位等。

图 8-6　其他构件

2）二代不锈钢精益管的接头配件采用不锈钢材料制作而成，如图 8-7 所示。它包括不锈钢弯头、不锈钢三通、不锈钢四通、不锈钢异径接头和不锈钢管帽等。根据连接方法可分为承插式不锈钢接头、螺纹不锈钢接头、法兰不锈钢接头和焊接不锈钢接头四类。主要不锈钢材质有 304、304L、316、316L 等，其加工起来比铁、铝材质接头成本要高，模具开发和维护成本也比较高。

图 8-7　不锈钢精益管接头配件

企业大部分采用镀亮铬接头标准构件（图 8-8），复合精益管和不锈钢管的接头通用，镀亮铬的颜色与不锈钢接近。

图 8-8　镀亮铬接头标准构件

3）三代铝合金精益管的接头配件采用纯铝材料按 ADC12 标准加工而成。三代铝合金精益管件是工业标准构件发展的趋势，其具有环保耐用、轻便柔性等特点。

① 铝合金精益管采用铝合金材料按 6063-T5 标准加工而成，其特点是品种多、防腐防锈、装卸方便、高雅大方等，铝合金精益管的介绍见表 8-3。

第 8 章　低成本自动化机构常用构件

表 8-3　铝合金精益管的介绍

型号	图片	说明
AL-19A		
AL-19C		
AL-19D		精益管的直径为 19mm，适合空间位置有限、承载比较轻的物体，如制作手机老化架、挡边等
AL-19L		
AL-19K		
AL-43C		用于固定滑块等
AL-2812		精益管的外直径为 28mm，管壁厚度为 1.2mm
AL-2817		精益管的外直径为 28mm，管壁厚度为 1.7mm
AL-4323		精益管的外直径为 43mm，管壁厚度为 2.3mm

图解低成本自动化 实务与应用

（续）

型号	图片	说明
AL-B		双管并列，承重大且更加牢固
AL-C		外直径为28mm，用来锁付滑块、定位等
AL-D		用于制作提升机构等
AL-M		外直径为28mm，承载比较重
AL-L		外直径为28mm，用于制作挡边、挂料盒等
AL-K		外直径为28mm，用于制作挡边、斜面、挂料盒等
AL-R		外直径为29mm，用于制作滚筒

第 8 章 低成本自动化机构常用构件

（续）

型号	图片	说明
AL-V		外直径为 28mm，比 AL-2812 管承载大
AL-BC		用于制作定位、滑块或提升机等
AL-CC	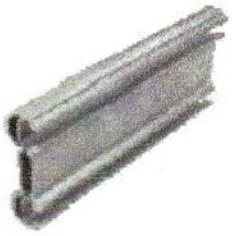	用于制作滑块、提升机构等
AL-DY		与型材对接，也可以制作滑块等

② 铝合金精益管的接头标准构件种类繁多，较易实现各种 LCIA 机构运动。该接头标准构件可分为一般连接构件、角度连接构件、活动连接构件和其他辅助构件等。下面主要介绍 AL-28 系列对应的接头标准构件，AL-19 系列与 AL-28 系列接头标准构件的功能一样，只是尺寸不同，因此不做详细介绍。

一般连接构件见表 8-4，主要包括直接接头、并联接头和固定接头构件等。

表 8-4　一般连接构件

型号	图片	应用
AL-1-A(2817)		
AL-1-B(2812)		
AL-1-S		
AL-1-ST		
AL-1-C		
AL-6A(22.5mm)		
AL-6B(12mm)		

第8章 低成本自动化机构常用构件

（续）

型号	图片	应用
AL-6C(15mm)		
AL-11(4mm)		
AL-7		
AL-9		
AL-33		
AL-34		两管之间加固支撑等
AL-36		框架组装

（续）

型号	图片	应用
AL-37		
AL-54		
AL-60		
AL-61		
AL-71		
AL-87		并行铝合金精益管固定

角度连接构件见表8-5，主要是45°、90°、180°、360°等角度的接头标准构件。

第 8 章　低成本自动化机构常用构件

表 8-5　角度连接构件

型号	图片	应用
AL-2(90°)		
AL-12(90°)		
AL-3(45°)		
AL-13(45°)		
AL-4(45°)		
AL-8(十字)		
AL-14(180°)		
AL-5(任意角度)		

（续）

型号	图片	应用
AL-10(任意角度)		
AL-30(任意角度)		

活动连接构件见表8-6，主要是可以做旋转运动、直线运动等的标准构件。

表8-6 活动连接构件

型号	图片	应用
AL-18-A(上下运动)		
AL-18-B(旋转运动)		
AL-29		
AL-30(单向可动)		

第 8 章　低成本自动化机构常用构件

（续）

型号	图片	应用
AL-32		
AL-41		
AL-43		
AL-44		
AL-45(单向)		
AL-46(合页)		
AL-48		

图解低成本自动化 实务与应用

（续）

型号	图片	应用
AL-55(360°旋转)		
AL-56(单双向旋转控制)		
AL-57(上下调节)		
AL-65		
AL-66		
AL-81		
AL-82		

第 8 章 低成本自动化机构常用构件

（续）

型号	图片	应用
AL-83		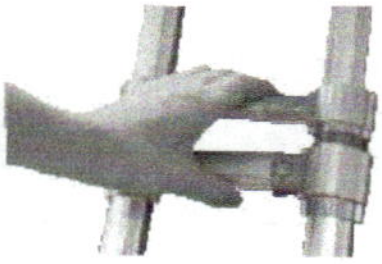
AL-87		
AL-89		

其他辅助构件见表 8-7，主要是辅助性的标准构件等。

表 8-7 其他辅助构件

型号	图片	型号	图片
AL-15		AL-21	
AL-16		AL-23A	
AL-20		AL-23B	

(续)

型号	图片	型号	图片
AL-28		AL-74	
AL-38		AL-75	
AL-51		AL-77(配重块)	
AL-52		AL-84	
AL-62		AL-91A	
AL-67		AL-91B	
AL-70		P-2000-A	
AL-73		P-2000-B	

4)铝型材也称方通,如图8-9所示。铝型材就是铝棒通过热熔、挤压,从而得到不同截面形状的铝材料。铝型材的特点是结实牢固且美观,有20、30、40、45、50、60、80、90系列等型号,多用于制作工作台、自动化线体、自动化设备支架等。

图8-9 铝型材

铝型材接头标准构件(表8-8)的结构简单,种类不多。由于铝型材的成本是铝合金精益管的几倍,故目前在LCIA领域很少采用铝型材,而在非标自动化设备框架中用得较多。

表8-8 铝型材接头标准构件

名称	图片	名称	图片
固定角件		强力固定角件	
		连接板	
		内置连接件	
强力固定角件		专用角槽连接件	

(续)

名称	图片	名称	图片
外连接件		可卸合页	
角度调节板		弹性扣件	
45°固定角件		内连接板	
135°固定角件		槽条连接件	
合页		活动铰链	

5）其他辅助标准构件见表8-9。除了上面介绍的一些主要标准构件，还需要一些其他的辅助标准构件，如流利条、福来轮等标准构件。

表8-9 其他辅助标准构件

型号或名称	图片	型号或名称	图片
40-A		40-D	
40-B		40A-B	
40-C		40M-P	

第 8 章 低成本自动化机构常用构件

（续）

型号或名称	图片	型号或名称	图片
40A-C		85M-DE	
40M-DW		60A-P	
40A-D		85M-C	
40M-D		85M-DW	
40A-DW		85M-P	
40M-E		60-A	
40A-E		60-B	
40M-C		85-M	
40A-P		50A（小型流利条）	
60A-D		福来轮	
60A-C		牛眼	

8.3 低成本自动化机构驱动构件

LCIA 机构的制作需要有提供源动力的驱动器,常见的驱动器有电动机、电缸、气缸、发条(平衡器)等,大多数是旋转运动或往复直线运动。第 4 章中曾详细介绍过电动机、气缸的特点和选择步骤等,此处就不再做详细介绍。从 LCIA 机构未来发展的趋势来看,电气的应用会越来越广泛,与智能制造或信息化对接,从而可以提高精度,准确地进行动作控制,也可以减轻员工的劳动强度、优化人员等。

1. 电动机

电动机是依据电磁感应定律实现电能转换或传递的一种电磁装置。其可以做旋转运动,通过旋转运动与齿轮等结合实现机构作动。电动机的类型有很多,LCIA 机构开发中常用的有伺服电动机和步进电动机。

伺服电动机(图 8-10):由伺服驱动器驱动,动态响应速度快、控制精度高。

图 8-10 伺服电动机

步进电动机(图 8-11):将电脉冲转化为角位移的执行机构。每个指令脉冲,产生一个角度的位移。

图 8-11 步进电动机

2. 电缸

电缸是将伺服电动机与丝杠一体化设计的模块化产品，其是将伺服电动机的旋转运动转换成直线运动机构。电缸（图 8-12）的优点：精确速度控制、精确位置控制、精确推力控制，能实现高精度直线运动。

图 8-12　电缸

3. 气缸

气缸是将气体的压力能转换为机械能的标准构件，可以做往复直线运动、往复摆动和旋转运动。LCIA 机构常用的气缸有普通型气缸、无杆气缸和旋转气缸等，如图 8-13 所示。

图 8-13　气缸（一）

另外，根据功能需求气缸还可分为定位气缸、加紧气缸和阻挡气缸等，如图 8-14 所示。

图 8-14　气缸（二）

4. 平衡器（发条原理）

平衡器是一种吊挂重量较大的生产操作设备的辅助工具。在工作中平衡器也可作为一种驱动器，在机构运动过程中储备一种动能，可以使机构运动单元复位。平衡器可供生产线上从事持续性、重复性工作的人员使用，用于悬挂、集中、搬运、移开工具等。平衡器的优点：弹簧平衡器无电气或气动危险，使用安全可靠；平衡器节省空间，降低生产成本；弹簧平衡器能防止工具的损坏；降低员工的劳动强度，提高工作效率。平衡器（图 8-15）的种类很多，有 HW 平衡器、PH 平衡器、LS 平衡器和 SW 平衡器等。一般根据实际需求，选择不同拉力的平衡器。

图 8-15　平衡器

8.4　低成本自动化机构控制构件

有些 LCIA 机构需要电气自动控制标准构件，无须人工干预就可以按预定的轨迹进行运动，因此经常会用到传感器、断路器（空气开关）、PLC 控制系统、单片机、电源供应器、继电器、定时器、真空发生器、真空吸盘和振动器等。

1. 传感器

传感器是一种常见且重要的标准器件，能感受规定的被测量并按照一定的规律（数学函数法则）转换成可用输出信号的器件或装置，通常由敏感元件和转换元件组成。对于传感器来说，按照输入的状态，输入可以分成静态量和动态量。衡量传感器静态特性的主要指标有线性度、迟滞、重复性、灵敏度和准确度等。传感器的动态特性则指的是对于输入量随着时间变化的响应特性。动态特性通常采用传递函数等自动控制的模型来描述。它是实现自动检测和自动控制的首要环节,对于低成本自动化或先进自动化设备就如同人的五官,让设备有了触觉、味觉和嗅觉等感官,因此又称之为电五官。

传感器的种类很多,按照基本感知功能可分为光电元件、力敏元件、热敏元件、磁敏元件、气敏元件、湿敏元件、声敏元件、放射线敏感元件、色敏元件和味敏元件十大类。常见的传感器有光电传感器、力敏传感器、磁敏传感器和磁光效应传感器等。

(1)光电传感器

光电传感器(图8-16)是应用最广的传感器之一,是采用光电元件作为检测元件的传感器。它首先把被测量的变化转换成光信号的变化,然后借助光电元件进一步将光信号转换成电信号。光敏传感器的种类很多,主要有:光电管、光电倍增管、光敏电阻、光电晶体管、太阳能电池、红外线传感器、紫外线传感器、光纤式光电传感器、色彩传感器、CCD和CMOS图像传感器等。它的敏感波长在可见光波长附近,包括红外线波长和紫外线波长。光敏传感器不只局限于对光的探测,它还可以作为探测元件组成其他传感器,对许多非电量进行检测,只要将这些非电量转换为光信号的变化即可。它在自动控制和非电量探测技术中占有非常重要的地位。最简单的光电传感器是光敏电阻,当光子冲击接合处时就会产生电流。

图8-16 光电传感器

（2）力敏传感器

力敏传感器（图8-17）是将应力、压力等力学量转换成电信号的转换器件。力敏传感器有电阻式、电容式、电感式、压电式和电流式等多种形式，它们各有优缺点。半导体压力传感器的主要技术性能：输出为3~20mV/V，精度为0.25%，频率为0~5000Hz，工作温度为 −55~120℃。这种传感器的优点是体积小、成本低，缺点是对湿度十分敏感。压电式力敏传感器的优点是灵敏度高、工作温度范围宽（−70~250℃），缺点是成本稍高。电阻应变式称重传感器结构较简单，准确度高，适用面广，且能够在相对比较差的环境下使用，如可用于检测产品是否漏装等。

图8-17 力敏传感器

（3）磁敏传感器

磁敏传感器是感知磁性物体的存在或者磁性强度（在有效范围内），这些磁性材料除永磁体外，还包括顺磁材料（铁、钴、镍及其它们的合金），当然也可包括感知通电（直、交）线包或导线周围的磁场。磁敏传感器中，霍尔元件及霍尔传感器（图8-18）的应用比较广泛。它们主要用于无刷直流电动机（霍尔电动机）中，这种电动机用于磁带录音机、录像机、XY记录仪、打印机、电唱机及仪器中的通风风扇等。另外，霍尔元件及霍尔传感器还可用于测转速、流量、流速及利用它制成高斯计、电流计、功率计等仪器。

图8-18 霍尔传感器

第 8 章 低成本自动化机构常用构件

（4）磁光效应传感器

磁光效应传感器的原理主要是利用光的偏振状态来实现传感器的功能。磁光效应传感器具有优良的电绝缘性能和抗干扰、频响宽、响应快、安全防爆等特性，因此对一些特殊场合电磁参数的测量，有独特的功效，尤其在电力系统中高压大电流的测量方面，更显示其潜在的优势。磁光效应传感器作为一种特定用途的传感器，能够在特定的环境中发挥自己的功能，也是一种非常重要的工业传感器。

2. 断路器

断路器（图 8-19）是指能够关合、承载和开断正常回路条件下的电流并能在规定的时间内关合、承载和开断异常回路条件下的电流的开关装置。断路器按其使用范围可分为高压断路器与低压断路器，高低压界线划分比较模糊，一般将 3kV 以上的称为高压断路器。

图 8-19　断路器

低压断路器在低成本自动化机构设计中应用广泛，也称为自动空气开关（图 8-20），可用来接通和分断负载电路，也可用来控制不频繁起动的电动机。它的功能相当于闸刀开关、过电流继电器、失压继电器、热继电器及漏电保护器等电器部分或全部的功能总和。低压断路器具有多种保护功能（超负荷、漏电、短路、欠电压保护等）、动作值可调、分断能力高、操作方便、安全等优点，因此被广泛应用。

断路器的接线方式有板前、板后、插入式、抽屉式，如无特殊要求，均按板前供货，板前接线是常见的接线方式。根据不同的应用场合，选择具有不同功能、不同品种、不同规格及相应技术指标的断路器。

图 8-20　自动空气开关

3. PLC 控制系统（图 8-21）

可编程逻辑控制器（Programmable Logic Controller，PLC）是在传统的顺序控制器的基础上引入了微电子技术、计算机技术、自动控制技术和通信技术而形成的一代新型工业控制装置，具有通用性强、使用方便、适应面广、可靠性高、抗干扰能力强、编程简单等特点。它采用一种可编程的存储器，在其内部存储执行逻辑运算、顺序控制、定时、计数和算术运算等操作的指令，并通过数字式或模拟式的输入输出来控制各种类型的机构或生产过程。市场上有很多品牌的 PLC 控制系统，如欧姆龙、三菱、西门子等。PLC 也可分为小型 PLC、中型 PLC、大型 PLC，以供不同的技术参数进行选择。

图 8-21　PLC 控制系统

4. 电源供应器（图 8-22）

由于电动机或电缸等驱动器需要的电压技术参数不同，往往需要进行电压转换，这时可采用电源供应器。它可以将外界电压（110V、

220V、380V）转换为机构需要的电压并供给机构使用。常见输出电压有12V、24V等。电源供应器的种类繁多，应尽量选择知名品牌的电源供应器，以使转换稳定。

图 8-22　电源供应器

5. 定时器

定时器是指需要在一个固定的时间周期内进行循环的控制装置，如流水线、性能检测设备、工程目标、家用电器等。按使用的需求，定时器可分为接通延时型定时器、断开延时型定时器、保持型接通延时定时器、脉冲型定时器和扩张型脉冲定时器。常见工业领域所用的定时器，如图 8-23 所示。

图 8-23　定时器

6. 真空发生器（如图 8-24）

真空发生器是气动控制领域非常重要的标准构件之一，是一种将正压气源转化为负压的真空元器件，具有高效、清洁、经济环保、结构简单、轻便小型等特点。真空发生器通过压缩空气产生真空，使得在有压缩空气的地方，或在一个气动系统中同时需要正负压的地方获得负压变得十分容易和方便。

真空发生器的性能与喷管的最小直径、收缩和扩散管的形状、通径、相应位置和气源压力大小等诸多因素有关。真空发生器通常会与吸盘配合使用，吸盘借助真空发生器产生的真空与物体或物料进行吸附，从而完成辅助搬运、抓取等作业。经常可以吸附表面光滑平整的物体，如玻璃、电子小料、纸盒等。真空发生器广泛应用于自动化中的机械、电子、印刷、玻璃等领域。

图 8-24　真空发生器

7. 真空吸盘（图 8-25）

真空吸盘又称真空吊具，是真空控制系统中的执行标准构件之一，与真空发生器配合使用。真空吸盘构造简单，具有很好的吸附性。利用真空吸盘抓取制品是最廉价的一种方法。真空吸盘可采用橡胶、硅橡胶、聚氨酯、丁腈橡胶或含乙烯基的聚合物等材料制作。在实际生产中，如果要求吸盘具有耐油性，则可以考虑采用聚氨酯、丁腈橡胶或含乙烯基的聚合物制成的吸盘；高温环境下，可采用橡胶制成的吸盘；需要耐用长久时，可采用聚氨酯制成的吸盘；搬运表面粗糙的部品时，可采用硅橡胶制成的吸盘；为避免制品的表面被划伤，最好采用丁腈橡胶或硅橡胶制成的带有波纹管的吸盘，其具有较大的扯断力和耐磨性，无污染、易使用且不伤工件。真空吸盘广泛应用于各种真空吸持设备上，如在汽车组装、电子组装、玻璃、印刷、建筑等行业，可应用真空吸盘吸持与搬送玻璃、纸张、电子元器件、标签等部品。

第 8 章 低成本自动化机构常用构件

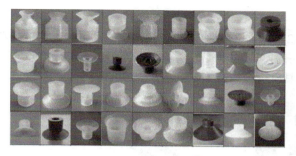

图 8-25　真空吸盘

8. 振动器

振动器（图 8-26）是由钢球高速回转产生振动和活塞上下往复运动产生振动的标准构件。振动器仅需要少量压缩空气就可以实现振动，具有耗气量小、安全节能、体积小、安装和维护方便等特点。振动器可分为旋转振动器和直线振动器，在低成本自动化物料整列机构或其他机构得到广泛的应用。

图 8-26　振动器

8.5　低成本自动化机构其他常用构件

在设计制作 LCIA 机构时还用到一些其他常用构件，如气弹簧、滚珠丝杠、直线导轨、缓冲器和轴承等，这里只做简单介绍。

1. 气弹簧

气弹簧（图8-27）是一种具有支撑、缓冲、制动、角度调节等功能的标准构件。它是一种可以省力、支撑重物的可升降弹簧，在汽车、航空、医疗器械、家具、机械制造等领域有着广泛的应用。

图8-27　气弹簧

气弹簧的接头有很多种，如图8-28所示，根据应用场合选择不同的接头。

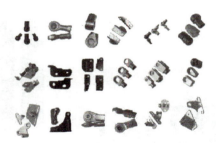

图8-28　气弹簧的接头

2. 滚珠丝杠

滚珠丝杠（图8-29）是将回转运动转化为直线运动，或者将直线运动转化为回转运动的标准构件，它由螺杆、螺母、钢球、预压片、反向器和防尘器组成。

滚珠丝杠的特点：摩擦损失小、传动效率高，精度高，高速进给和微进给，轴向刚度高，不能自锁，传动具有可逆性。

滚珠丝杠在工作中的应用如下：

1）端盖式滚珠丝杠：快速搬运系统、LCIA 提升机构、自动化设备等。

2）超高 DN 值滚珠丝杠：高速工具机、高速综合加工中心等。

3）高速化滚珠丝杠：CNC 机械、精密工具机、电子机械、高速化机械等。

4）精密研磨级滚珠丝杠：CNC 机械、电子机械、输送机械、航天工业、精密工具机、阀门开关装置等。

5）螺母旋转式（R1）系列滚珠丝杠：半导体机械、产业用机器人、激光加工设备、搬送机构等。

6）重负荷滚珠丝杠：成形机、冲压机、半导体制造装置、锻压设备等。

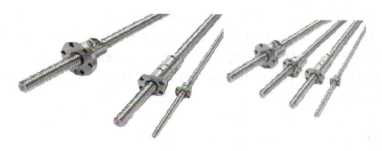

图 8-29　滚珠丝杠

3. 直线导轨

直线导轨又称线轨、线性导轨、滑轨或线性滑轨，如图 8-30 所示。直线导轨是用来支撑和引导运动部件，按给定的方向做往复直线运动的标准构件。它可以承担一定的扭矩，可在高负载的情况下实现高精度且平稳的直线运动。

直线导轨应用注意事项：不能在环境恶劣的条件下使用，应保持清洁、防止腐蚀和生锈，安装时不能用力过大，不允许用锤子敲打导轨等，使用一段时间后若发生异响或滑动不顺畅，要及时进行清洁。

图 8-30　直线导轨

4. 缓冲器

缓冲器是在工作过程中为了降低冲击力、调整运动速度等所需要的装置，通常也称为阻尼器，对部品和机构有一定的保护作用。缓冲器有旋转缓冲器和直线运动缓冲器两种。

（1）旋转缓冲器

旋转缓冲器是一种用于坐便器圈盖缓慢旋合的缓冲器，又称盖板缓降器、阻尼器，如图 8-31 所示，后续根据这个工作原理也开发了其他旋转缓冲器。旋转缓冲器是提供运动阻力、耗减运动能量的装置，在 LCIA 机构中也同样需要这种标准构件，如在利用重力下降时，为了保证部品平稳下降，可将旋转齿轮缓冲器与齿条配合使用，以减小向下的冲击力。因其缓冲效果好、结构简单、耐用、小型等特点，旋转缓冲器目前被广泛用于汽车电子、自动化设备等领域。

图 8-31　旋转缓冲器

（2）直线运动缓冲器

直线运动缓冲器（图 8-32）是一种在工作过程中防止硬性碰撞导

致部品或机构损坏的安全缓冲装置。它可对物体运动进行减速至停止状态,缓和物体之间的冲击,减少安全隐患,减小振动和噪声,延长机构的使用寿命,并降低维护成本等。

图 8-32　直线运动缓冲器

5. 轴承

轴承（图 8-33）是当代机械设备中一种重要的标准构件,它的主要功能是支撑机械旋转体,降低其运动过程中的摩擦系数,并保证其回转精度。在日常工作中广泛用于自动化设备、搬运传送系统、工装夹具等。

图 8-33　轴承